The Science of
Self-Discipline

자제력 수업

Peter Hollins

실 패 의 유 혹 을 물 리 치 는 힘

자제력 수업

피터 홀린스 지음 | 공민희 옮김

포레스트북스

어린 시절 난 몸무게 때문에 괴롭힘을 당했다. 흔한 이
야기겠지만, 난 말랐다는 이유로 놀림을 당했으니 조금
다르다. 당시 내가 살던 동네에 태풍이 왔을 때는 정말
로 바람에 발이 붕 떠서 날아갈 뻔했다. 껑다리, 깃털, 꼬
챙이, 말라깽이, 해골, 뼈다귀 등 날 놀려 대는 말들이 많
았지만 다행히도 어느 하나 오래가지는 않았다.

　대학에 가면 아무도 날 놀리지 않을 줄 알았다. 이제
는 어린애도 아니고 각자 삶을 꾸려 나가는 어른이 되었
으니까. 하지만 내 예상은 완전히 빗나갔다. 18세에서

22세 남성들의 자아를 너무나 과대평가했던 걸까. 입학하던 날부터 예전의 그 별명들로 다시 불리기 시작했다. 아니, 그때까지 들어 본 것을 모두 합친 것보다 더 많은 별명이 생겨난 것 같다.

2학년 때는 기숙사에 들어갔는데, 무작위로 배정받은 룸메이트가 운 좋게도 축구 선수 출신의 마이크였다. 지금은 퍼스널 트레이너로서 꽤 잘나가고 있는 친구로, 어쩌면 당시 내가 그의 첫 번째 실험 대상이었던 게 아닌가 싶다. 내가 몸집을 키워 더는 무시당하고 싶지 않다고 털어놓자 그는 대번에 내 소원을 이루어 주는 것을 그해의 목표로 삼았다.

난 하루 세끼를 양껏 먹는다고 생각했는데 알고 보니 적게 먹어서 살이 찌지 않는 거였다. 우리는 내가 종일 먹는 칼로리를 면밀히 살폈고, 매일 적어도 1000칼로리는 더 섭취해야 건강하게 체중을 늘릴 수 있다고 결론을 내렸다.

대체 이 이야기와 자제력 연습이 무슨 상관인지 모르겠다고? 이제 곧 나오니 조금만 더 읽어 주길 바란다.

많은 사람이 과체중 때문에 어려움을 겪는 것과 달리 난 체중을 늘리기 위해 하루 다섯 차례 음식을 섭취한다는 규칙을 세웠다. 물론 누군가에게는 꿈 같은 소리로 들릴 수도 있지만, 마른 사람이 몸집을 늘리려고 애쓰는 일도 보통 고역이 아니다. 이건 뭐 고문도 아니고, 매일같이 하루에 몇 번씩이나 음식을 억지로 몸속에 밀어 넣어야 하니 말이다.

　마이크가 아니었다면 난 일주일도 안 돼서 때려치웠을 것이다. 다행히 우린 수업을 거의 같이 들어서 그가 계속 옆에서 음식을 먹으라고 알려 주었다. 지금까지 몇 끼를 먹었는지 물어보고, 칼로리가 모자라면 같이 아이스크림을 사러 가기도 했다. 목표가 희미해질 때면 옆에서 재촉하며 내가 왜 이러고 있는지 일깨워 주었다. 당시에는 몰랐지만, 스스로 끊임없이 자제하며 노력할 수밖에 없는 환경이 만들어진 것이다. 그렇게 두 달 뒤 내 몸무게는 5킬로그램 정도 늘어났다. 그렇게 몇 년 동안 해 나간 이 여정이 의도적으로 나를 훈련시킨 첫 번째 시도였다.

　그때의 경험으로 자제력은 우리가 하는 모든 일에 꼭

필요한 힘이라는 것을 알게 되었다. 어떤 목표를 가지고 있든 간에 그 여정은 편안하지 않다. 자제력만 있다면 어려움을 헤쳐 나가 목표를 달성할 수 있고, 무언가를 완벽히 익히거나 이룰 수 있다. 스스로 다잡지 않는다면 값진 성취도 없는 셈이다. 하지만 주위와 단절된 채 목표에만 몰두하기란 불가능하다. 작정하고 집중하려고 해도 금세 흐트러지기 쉽다. 이를 악물고 무작정 몰아붙인다고 되는 것이 아니다.

이 책에서는 자제력을 키우는 방법을 알려 주고자 한다. 연습을 통해 자제력의 기준점을 높이면 우여곡절을 만나더라도 흔들리지 않게 된다.

어쩌면 당신도 나처럼 운이 좋아서 자제력을 키울 수 있게 도와주는 누군가가 옆에 있을지도 모르겠다. 하지만 그런 사람이 없다고 해도 삶을 확실하게 관리하고 충동이나 방해 요소에 빠지지 않게 하는 방법은 수없이 많다. 더욱이 자제력을 단련하는 것은 단순한 목표 성취가 아니라 기나긴 여정에 가깝다. 지금부터 그 길에 함께 오르자.

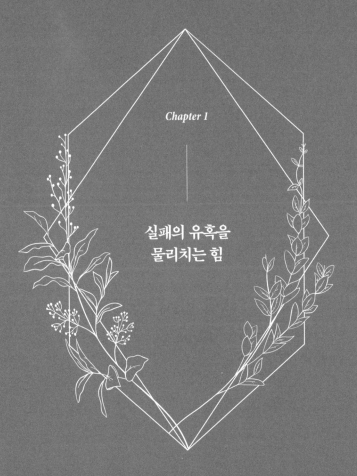

Chapter 1

실패의 유혹을
물리치는 힘

미국의 유명 작가이자 연사인 짐 론Jim Rohn이 이런 말을 했다. "인생에서 둘 중 한 가지는 반드시 겪게 된다. 자제하며 생기는 고통 또는 자제하지 않아서 후회하는 고통." 살면서 어떤 고통을 겪을지는 본인의 선택에 달렸다. 스스로를 다잡는다면 자신이 진정으로 원하는 것에 가까이 갈 수 있다.

자제력과 의지력이 있다면 실천하기 어렵거나 불편한 일도 할 수 있고, 장기적으로도 도움이 된다. 알람을 끄고 싶은 마음을 이기고 벌떡 일어나 운동을 하거나, 정말 맛있어 보이는 초콜릿 케이크 앞을 눈 딱 감고 지나가는 것처럼 말이다. 목표를 달성하고 스스로 만족하기 위해서는 자제력이 꼭 필요하다. 규칙이 전혀 없는 무질서한 삶은 후회를 부를 뿐이며, 의미 없는 행동들로는 어떠한 결실도 맺을 수 없다.

이 책은 자제력과 의지력을 무의식적인 습관으로 만들어 꾸준히 목표를 이루고 후회 없이 살도록 하는 데 중점을 두었다. 아침에 5분 일찍 일어나는 것이 일상에서 그리 큰 어려움은 아닐 테지만, 이 사소한 행동이 누적되면 성공에 더 바짝 다가갈 수 있다. 운동선수가 출전에 앞서 몸을 풀고 근육을 이완시키듯 자제력은 스스로를 연마하는 자질이다.

자제력은 의도적으로 향상시킬 수 있다

우선, '자제하는 힘'이 생물학적으로 어떻게 나타나는지 이해하는 것이 중요하다. 어떻게 발생하며, 어떤 요인의 영향을 받는지 신경학적인 관점에서 파악할 수 있어야 이 능력을 제대로 활용할 수 있기 때문이다. 마치 병이 났을 때 원인을 알아야 치료할 수 있는 것처럼 말이다. 뇌 어딘가에 '충동성'이나 '의지력'이라고 떡하니 쓰여 있는 것도 아니고 이 기능을 지속적으로 변경할 수 있는 쉬운 화학 공식이 존재하는 것도 아니다. 머릿속에서 일어나는 일들의 실질적인 기원을 찾기 위해 지금도 많은 신경과학자와 심리학자들이 연구에 매진하고 있다.

통계에 따르면 평범한 사람의 뇌에는 약 100조 개의 뉴런neuron이 있다고 한다. 뉴런이란 뇌 안의 회로를 돌면서 생각과 행동을 만들어 내는 작은 세포를 말한다. 그 수가 우리 은하에 있는 별의 수와 비슷하다고 하니, 과학자들이 뉴런과 그로 인한 행동 사이의 연관성을 이제 겨우 이해하기 시작했다는 점도 수긍이 간다. 최근 행해진 실험에서는 사람의 마음이 어떤 원리로 작용하는지를 이해할 수 있는 실마리를 발견했다고 한다.

2009년 토드 헤어Todd Hare와 콜린 캐머러Colin Camerer가

fMRI(기능적 자기공명 영상 장치)를 활용하여 자제력과 자기조절이 필요한 일을 할 때 뇌에서 일어나는 일을 살폈다. 실험 참가자들은 나중에 큰 금전적 보상을 받을지, 지금 당장 작은 보상을 받을지 사이에서 의사결정을 해야 했다. 이와 같이 만족지연delayed gratification*과 의지력이 갈등할 때, 복내측 전전두피질ventral medial prefrontal cortex이라는 뇌의 부분이 활성화되는 모습을 보였다.

의사결정을 담당하는 또 다른 부분인 배외측 전전두피질dorsolateral prefrontal cortex 역시 현재와 미래의 선택 중 어디에 비중을 둘지 결정할 때 영향을 끼치는 것으로 밝혀졌다. 금액이 더 많지만 지연시켜야 하는 보상이나 좀 더 몸에 좋은 음식을 고르는 것 등, 장기적으로 더 나은 결과를 이끄는 선택과 배외측 전전두피질의 활발한 활동 사이에 상관관계가 있는 것이다.

이와 같은 fMRI 연구를 통해 전전두피질의 활동과 구

• 미래의 더 큰 보상을 위해서 현재의 충동적인 감정을 참거나 즉각적인 행위를 포기하는 것

조에 따라 어떤 사람은 다른 사람에 비해 훨씬 수월하게 장기적으로 더 나은 결정을 내리고 자제력을 높일 수 있다는 점이 밝혀졌다. 이는 뇌에서 자제력을 담당하는 부분이 정해져 있다는 뜻이기도 하다.

이 점이 왜 중요할까? 자제력도 노력을 통해 의도적으로 향상시킬 수 있다는 근거가 되기 때문이다. 신경 접합부의 연결을 꾸준히 형성하고 재조직하는 뇌의 신경 가소성neuroplasticity 개념이 알려지면서, 우리는 자제력의 정도가 결코 정해져 있지 않다는 걸 알게 되었다. 유혹에 직면했을 때 자제력을 발휘하라는 말을 듣는다면, 자신의 자제력은 어느 정도인지 생각해 보게 된다. 자제력은 더 나은 선택을 하며 꾸준히 연습하면 한층 늘어날 수 있고, 반대로 순간의 쾌락에 지속적으로 굴복하면 줄어들 수도 있다. 만약 당신이 카페에서 도넛을 보면 꼭 사 먹게 되는 나쁜 습관을 버리고 멋진 몸을 만들기 위해 운동하는 좋은 습관을 들이려고 노력하고 있다면 이 연구가 상당히 고무적으로 느껴질 것이다. 절대 고칠 수 없는 게 아니라 마음만 먹으면 얼마든지 나아질 수 있다는 뜻이 되기 때문이다.

2011년, 14명의 연구진으로 구성된 연구팀이 어린 시절 스탠퍼드 마시멜로 실험Stanford Marshmallow Experiment에 참가했던 피실험자들의 뇌를 다시 살피는 조사를 진행했다. 마시멜로 실험은 만족지연을 연구하고자 약 40년 전에 실시되었던 유명한 실험으로, 자세한 내용은 8장에서 다루도록 하겠다.

마시멜로 실험에서 만족지연을 실행했던 피실험자들은 중년이 된 지금도 불건전한 선택의 유혹을 견뎌 내고자 자기조절 능력을 발휘했으며, 이때 그들의 전전두피질이 한층 활발하게 움직였다. 중독과 관련된 뇌 영역인 복측 선조체ventral striatum에서도 대조군과 두드러진 차이를 보였다. 또한 관습적인 잣대로 평가했을 때 그들 대다수가 평범한 사람들보다 훨씬 성공한 삶을 살고 있었다. 이런 생물학적 차이는 처음에는 미미했지만 갈수록 엄청나게 커졌다.

인간의 두뇌를 겨우 일부만 이해하고 있는 현 상황에서, 유전적 요인과 환경적 요인이 한 개인의 자제력을 각각 어느 정도의 비율로 구성하고 있는지는 단언할 수 없다. 하지만 자신 있게 말할 수 있는 것 하나는 어디서 시작했든 자제력은 꾸준히 노력할수록 향상될 수 있다는 점이다. 이런 사실은 이미 여러 연구를 통해 알려졌다. 그러니 성인임에도 자기조절 능력과 자제력이 부족하다고 실망할 필요는 없다. 물론 언어는 조기 교육이 효과적이라는 점이 검증된 것처럼, 어릴수록 이런 기술을 익히기가 더 수월한 건 사실이다. 하지만 이것이 성인이 되면 새로운 언어를 배울 수 없다는 말은 전혀 아니다. 어떤 기술이든 몸에 밸 만큼 연습할수록 더 잘하게 된다. 자제력과 의지력도 시간을 들여 꾸준히 연습하면 점점 나아질 수 있다.

더불어 이 연구 결과는 아이를 키울 때 어떻게 교육시켜야 하는지에 대해서도 상당히 강력한 증거를 제시하고 있다. 어릴 적 항상 제멋대로 행동하던 아이는 자기조절을 담당하는 뇌 영역이 제대로 활성화되지 못한 상태로 자랄 것이다. 시간이 지나 성인이 되어서도 충동을 억누르는 일에 미숙해지며 장기적인 시선으로 사물을 바라볼 수 없게 된다. 이런 부분이 일상에서 어떻게 드러날지는 굳이 설명하지 않아도 상상할 수 있을 것이다.

자제력을 강화하면 감정 조절도 가능하다

자제력을 발휘할 때 집중력은 무척 중요한 요소다. 집중력이 부족한 사람은 대개 자제력도 떨어지기 마련이다. 사람은 한 가지 일에 집중할 때 신경과학에서 일컫는 실행기능executive functions에 의존하게 된다.

자제력과 관련된 가장 중요한 실행기능은 작업 기억, 충동 제어, 인지적 유연성cognitive flexibility* 및 인지적 적응성이다. 뇌는 목표를 정하고 실행하며 그와 관련된 활동의 우선순위를 나눈 다음, 불필요한 것들을 걸러 냄으로써 도움이 되지 않는 것들을 제어한다. 왜 실행기능이라

---

* 자신이 갖고 있는 개념을 다른 개념으로 인식을 바꾸거나 동시에 여러 가지 개념을 인식하는 능력

는 이름이 붙었는지 짐작이 갈 것이다.

실행기능은 뇌의 배외측 전전두피질, 전측 대상피질anterior cingulate cortex, 안와 전두피질orbitofrontal cortex을 포함한 영역뿐 아니라 보조운동영역supplementary motor area 및 대상운동영역cingulate motor zones에서도 일어난다. 자제력이나 의지력과 마찬가지로, 특정한 뇌 조직들이 연동한다는 것은 그 부분을 중점적으로 발전시킬 수도 있다는 뜻이다. 이들 뇌 영역으로 더 많은 혈류를 흘려보내 훈련 능력을 향상시키거나 복원할 수 있다면 가장 이상적일 것이다.

수년 동안 명상은 집중력과 자제력 부족 등의 문제를 해결하는 만병통치약으로 거론되어 왔다. 의구심을 가질지도 모르지만, 놀랍게도 한 연구를 통해 명상이 정말로 효과가 있는 것으로 나타났다. 연구진은 사람들을 모집하여 8주 동안 정기적으로 명상을 하게 하였으며, 명상 전후로 참가자의 뇌를 MRI로 스캔했다. 그 결과, 명상이 실행기능을 관장하는 뇌 영역을 강화하는 데 유용하다는 점이 입증되었다. 이는 곧 자제력을 발휘하는 데

에도 명상이 효과를 보인다는 뜻이 된다.

게다가 명상은 뇌의 편도체amygdala도 수축시킨다. 신체의 경고 체계인 편도체는 본능이나 원초적인 감정, 생존 욕구를 관할하는 신체 기관이며, 위험에 직면했을 때 일어나는 모든 충동을 강화하는 '투쟁 혹은 도피fight-or-flight' 본능의 중추다. 명상을 한 실험 참가자들은 편도체가 수축되어 두려움, 충동적인 감정, 스트레스에 덜 민감하게 반응했다. 자제력을 발휘하다 보면 누구나 충동적인 감정이나 스트레스가 반작용으로 나타나기 마련인데, 명상이 이를 제어하여 의지력을 높이는 데 도움이 된다는 사실이 밝혀진 것이다.

무엇보다도 전전두피질의 회백질gray matter*이 놀라울 정도로 조밀하고 두껍게 형성되었다는 것을 스캔을 통해 알 수 있었다. 회백질의 성장은 전전두피질에만 국한되지 않았다. 전두엽 뒤쪽에 자리한 전측 대상피질 역시 명상을 할수록 조밀해졌다. 앞서 서술한 것처럼 이 부위

● 뇌와 척수에 분포한 신경세포 집단

는 주의가 충돌하는 것을 감지하고 인지적 유연성을 키우는 등 스스로를 조절하는 기능과 관련 있는 뇌 영역이다. 다시 말해 명상을 하면, 통제할 수 없는 감정을 줄이고 실행기능과 관련된 뇌의 기능을 실질적으로 향상시켜 감정을 관리하는 능력을 키울 수 있다.

일상에서 명상을 하고 있지 않다면 한 번쯤 시도해 보길 바란다. 사람들은 종종 명상을 할 시간이 없다고들 말하거나 명상 같은 데 시간을 쓰는 것이 비생산적이라고 여긴다. 하지만 하루에 단 몇 분이라도 명상을 해 보라. 실행기능을 한층 높일 수 있음은 물론, 집중력과 자제력도 강화되므로 지금까지 어영부영 날렸던 시간을 보상받을 수 있을 것이다.

집중력과 자제력을 각각 분리해서 키우기란 거의 불가능에 가깝다. 장기적 목표를 추구하는 훈련은 이를 달성하기 위한 결정과 활동에 꾸준히 집중해야만 성공할 수 있다.

실패할 확률에 자신을 집어넣지 마라

의지력과 자제력은 생물학적인 요인이기에 유혹에 직면했을 때 계속 안정적으로 유지할 수 있는 자질이 아니다. 오히려 연료탱크와 비슷하다고 볼 수 있다. 역기를 들면 근육이 피로해지는 것과 마찬가지로 의지력도 쓸 때마다 대폭 줄어든다. 의지력이 줄어들면 뇌의 인지 활동 역시 한 번도 의지력을 높이려고 노력해 본 적이 없는 사람과 비슷한 수준으로 줄어드는 것은 물론, 혈당 수치도 내려간다. 달콤한 쿠키를 한 번 거절한 적이 있는 사람의 뇌는 열 번 거절한 사람의 뇌와 확실히 다르다. 하지만 의지력이 아무리 강하더라도 오랜 시간 유혹에 시달리면 결국 포기하게 된다. 사람이 40시간을 연속해서 달리면 진이 빠져 죽기 마련인 것처럼 말이다.

1996년, 케이스웨스턴리저브대학교의 심리학 교수인 로이 바우마이스터Roy Baumeister는 '의지력 고갈' 현상을 측정하는 연구를 실시했다. 그는 한 방에 갓 구운 쿠키와 맵싸한 무를 준비하고 67명의 실험 참가자를 모았다.

운 좋은 참가자들은 달콤한 쿠키를 마음껏 먹었고 나머지 참가자들은 의지력을 발휘하며 무만 먹었다. 당연하게도 무만 먹은 참가자들은 그리 기분이 좋지 않았다.

유혹을 충분히 주었다고 판단한 연구진은 이번엔 참가자를 다른 장소로 옮겨 전혀 상관없어 보이는 인내심 테스트용 퍼즐을 맞추게 했다. 여기서 강제로 의지력을 사용한 효과가 분명히 드러났다. 무를 먹은 참가자는 퍼즐을 맞추려는 시도를 별로 하지 않았고, 단것을 먹은 참가자보다 포기하는 시간도 절반 이상 빨랐다. 그들의 의지력이 고갈되었기에 전혀 인내심을 보이지 못한 것이다.

이 연구가 보여 주는 결과는 분명하다. 억지로 단것을 먹지 못하는 동안 참가자들은 의지력을 사용해야 했고, 다른 어려운 일에 관여하게 되었을 때는 이미 에너지가 다 소진된 상태였다. 의지력에는 한계가 있고 얼마든지 줄어들 수도 있다. 제대로 관리해야 중요한 시기에 유혹에 빠지는 위험을 줄일 수 있다.

인간의 뇌는 하루하루 살아남는 것을 최우선으로 삼

아 수천 년의 세월을 거치며 진화했다. 현대 사회에서는 일시적으로 혈당과 에너지가 떨어졌다고 생명이 위독해지지는 않지만, 뇌는 그 사실을 모르기 때문에 바로 생존 모드로 들어간다. 생존 모드에 들어간 뇌는 즉각적인 만족감을 얻기 위해 과식은 물론, 자제력의 발휘를 실패로 이끄는 그 밖의 수많은 요인도 함께 불러온다.

의지력과 자제력을 고갈시키지 않으려면, 배가 고플 때 자신의 의지력을 너무 강하게 시험하지 말아야 한다. 물론 자제력을 키우는 연습 자체가 도움이 될 수는 있다. 하지만 궁극적으로 가장 효과가 큰 방법은 실패할 확률이 높은 상황에 처하지 않는 것이다. 카지노 테이블에 앉아 있다면 힘들게 딴 돈을 잃지 않으려고 애쓸 수도 있고 아닐 수도 있다. 하지만 처음부터 카지노에 가지 않는다면 그런 노력을 할 필요조차 없다.

의지력에 영향을 미치는 또 다른 생물학적 요인은 스트레스다. 스트레스를 많이 받는 상황에 처하면 '투쟁 혹은 도피' 모드가 발동해 본능적이고 비이성적인 행동을 할 가능성이 더욱 높아진다. 또한 스트레스는 전전두피질의 에너지를 분산시킨다. 단기적인 결과에만 집중하게 되어 나중에 후회할 결정을 내릴 가능성이 높아진다.

일상에서 의지력이 위험할 정도로 감소하지 않도록 막는 방법은 아주 많다. 현명하게 의사결정을 하고 유혹에 저항한다면 의지력의 양이 줄어드는 것을 방지할 수 있을 것이다.

이를테면 설탕 중독을 생각해 보자. 현대인은 설탕에 쉽게 중독될 수 있다. 여전히 선사 시대에 머물러 있는 뇌는 설탕과 거기에서 얻을 수 있는 에너지가 희소한 자원이라 생각하여, 가능한 한 언제든지 섭취해 두어야 한다고 여긴다. 그리고 현재 대부분의 가공식품에는 설탕이 들어 있다.

의지력이 유한하다는 점을 인식했다면, 맛있는 과자를 사 왔을 때 결국 안 먹고는 못 배긴다는 걸 알지 않을까? 마음속에서 유혹이 샘솟을 때면 처음 몇 번은 감당할 수 있겠지만 언젠가는 넘어가고 만다. 과자가 계속 보이는 곳에 놓여 있다면 특히 더 그렇다.

슈퍼마켓은 자제력을 기르기에 좋은 장소다. 애초에

건강하지 못한 선택들이 늘어서 있는 구역을 피하면 나중에 의지력을 다 써 버리는 상황에 놓이지 않는다. 주방에서 자꾸만 간식에 손이 가는 상황을 피하고 싶은가? 그렇다면 장을 볼 때 아예 간식을 사지 마라. 집에서 무수히 의지력을 시험하지 않아도 된다.

더 나아가서 자제력 습관을 최적화한다면 제대로 된 결정을 할 수 있다. 장보기를 계속해서 예로 들어 보자. 건강한 재료를 사고 가장 큰 유혹이 있는 구역을 피하고자 할 때, 배고픈 상태에서 장을 보는 것과 충분히 배가 부른 상태에서 장을 보는 것은 엄청나게 큰 차이가 있다. 요컨대 시험에 들 필요가 없는 환경을 스스로 만들면 되는 것이다. 자제력을 연습하면 설령 마음에 들지 않더라도 실행할 기본 선택지를 구축할 수 있다. 자기조절을 위해 싸워야 하는 장소는 사람마다 달라서, 누군가에게는 별것 아닌 유혹이 누군가에게는 엄청난 도전이 될 수도 있다. 싸울 장소를 현명하게 선택하는 것은 인생의 거의 모든 측면에서 유용하다는 점을 꼭 기억해 두자.

자제력이라는 개념 자체는 꽤 간단하다. 즉각적인 만

족감을 주는 선택이 아니라, 더 나은 선택이 무엇인지 알고 그것을 지속적으로 선택하는 것이다. 이 과정에서 자제력을 스스로 '인식'해야 한다. 즉, 더 나은 선택을 최대한 쉽게 할 수 있도록 스스로를 길들여야 한다. 의지력을 흩뜨리는 요인을 파악하고, 가능한 한 가장 이상적인 환경에 자신을 노출한다면 누구나 해낼 수 있다.

자제력을 관장하는 뇌의 영역은 생물학적으로 정해져 있다. 지속적이든 아니든 간에 당신이 하는 선택은 다른 습관과 마찬가지로 머릿속에 뿌리내리게 된다는 점을 잊지 말자. 자제력을 더 많이 연습할수록 성공할 가능성도 더 높아진다. 자제력을 더 잘 인식할수록 의지력을 키우는 습관이 생기고, 그와 관련된 뇌 기능이 더욱 강화될 것이다. 이것이 일상에서 자제력을 지속적으로 키우는 방법이다.

The Science of Self Discipline

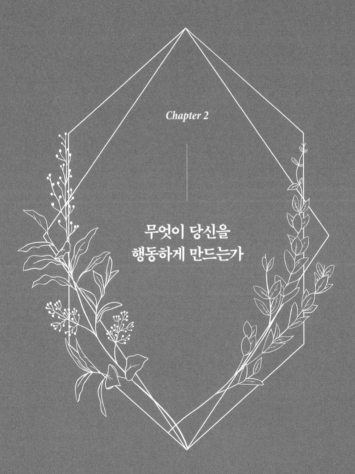

Chapter 2

무엇이 당신을
행동하게 만드는가

What Pushes
Your Buttons

1장에서는 음식 조절이나 운동 습관을 들이는 것처럼
자제력이 꼭 필요한 상황에 대해 살펴보았다. 이런 경우
자제력은 임의로 적용되지 않고 특정한 목표나 이유에
따라 움직인다. 그에 맞춰 제약할 필요가 없는 행동도
있고 매우 정확하게 제어해야 하는 행동도 있다. 예컨대
식습관을 바꾸거나 운동 요법으로 다이어트를 하는 사
람이라면 좀 더 건강하고 매력적으로 보이고 싶어 한다.
정해 놓은 목표가 있고 의지력과 노력을 보일 가치가 충
분한 결과를 머릿속에 미리 그려 둔 것이다.

이와 같이 자제력을 기르려면 반드시 자신이 원하는 결과가 무엇인지 정확히 파악해야 한다. 그 결과는 직접 정해야 하며 제대로 설명하고 느낄 수 있어야 한다. 그렇지 못하다면 왜 '반드시' 지켜야 하는지도 모르고 모호한 상태로 스스로를 불편하게 만드는 행위에 지나지 않는다. 마치 싸워야 할 적이 누군지, 더 심한 경우에는 왜 그 자리에 있는지도 모르는 상태로 진군하는 병사와 같다고 할 수 있다.

마음속으로 무엇을 하고 싶은지 정확히 결정하지도 못했으면서 계속 노력할 수는 없다. 그저 자제력에만 의존한 채 억지로 침대 밖으로 몸을 끄집어내려는 건 무모한 행동이다. 동기가 무한정 부여된다면야 게으름, 나태함, 산만함, 유혹 따위는 문제가 되지 않을 것이다. 하지만 현실에선 아무리 열정이 넘치는 사람이라고 해도 항상 동기가 충만한 상태를 유지하기는 무척 어렵다.

목표를 위해 노력할 때 동기와 실행 방식은 당연히 개인마다 다르지만, 한 번쯤 고려해 볼 보편적인 동기도 있다. 자신이 가장 자극받을 수 있는 특정한 요인을 알아야 장기적인 목표로 가기 위한 에너지도 더 많이 생긴다. 그러므로 자신을 움직이는 동력이 무엇인지 파악하는 것이 무엇보다 중요하다.

성장하고 있다는 느낌이 돈보다 강력한 이유

동기가 충분히 부여되었다고 느끼려면 무언가에 대해 신이 나야 한다. 그러나 안타깝게도 운이 좋은 일부를 제외하면 대다수 평범한 사람의 일상은 즐거운 일로 가득하지 않다. 직업이나 경력도 마찬가지다. 그럴 때는 아직 알아차리지 못한 강력한 자극요인을 되짚어 보면 도움이 된다. 어려운 일을 침착하게 헤쳐 나갔을 때, 그 기저에 무엇이 있었는지 떠올려 보자. 당장 오늘은 아침에 어떻게 일어날 수 있었는가? 무언가를 기대하는 한 줄기 희망 때문이었을 수도 있고, 그 밖의 이유도 얼마든지 있을 수 있다.

사람들은 동기를 자극하는 요인에 대해 상당히 잘못

알고 있다. 일을 할 때 무엇이 동기를 부여해 줄까? 심리학자인 테레사 애머빌Teresa Amabile과 스티븐 크레이머Steven Kramer가 이 부분을 우리가 얼마나 오해하고 있는지 설명한다.

전반적으로 근무 환경에 문제가 있고 직원들의 생각을 살필 준비가 되어 있지 않은 한 기업의 사례를 소개한다. 애머빌과 크레이머가 이 기업의 관리자 600명에게 인터뷰를 진행한 결과, 놀랍게도 95퍼센트의 관리자가 부하 직원들의 동기를 돈을 벌고 보너스를 받고 승진을 하는 것으로 생각하고 있었다.

알고 보니 그들이 완전히 잘못 생각했다는 게 드러났다. 1만 2000명 이상의 직원이 쓴 근무 일지를 세밀하게 분석한 결과, 작업장의 생산성을 높이는 가장 큰 요인은 돈이나 직책이 아니었다. 직원들은 의미 있는 목표를 향해 꾸준히 발전해 나간다는 기분을 느낄 때 가장 크게 자극을 받았다. 자신이 점차 나아지고 더 잘하며 성장하고 있다는 느낌 말이다. 곧 상여금을 받는다고, 월급이 오른다고, 승진할 거라고 약속했을 때 더 열심히 일하지 않았다. 자신의 성장이나 대단히 중요한 목표가 업무와 연관되어 있을 때 더 열심히 했다. 친구들과 시간 날 때 잠깐 하는 농구라면 즐겁지만, 농구공을 현란하게 드리블하고 다리 사이로 이리저리 보낼 수 있으려면 더 큰 동기가 필요하다.

직원 1만 2000명의 근무 일지가 충분한 근거가 되지 못한다고 생각할 수도 있을 테니, 다른 유명한 연구를 하나 더 소개한다. 에드워드 데시 박사Dr. Edward Deci는 직장 생활을 돕는 가장 큰 동기를 색다른 접근법으로 찾아보았다. 데시 박사는 어려운 퍼즐을 주고 실험 참가자가 포기를 선언하기까지 얼마나 시간이 걸리는지 측정했다. 그러고는 참가자를 두 그룹으로 나누어서, 그중 A 그룹에는 퍼즐을 다 맞추었을 때 현금으로 보상을 주겠다고 약속했다. B 그룹에게는 아무런 보상도 약속하지 않았다.

첫날 결과는 예상한 대로 나왔다. A 그룹은 퍼즐을 맞추기 위해 B 그룹보다 두 배나 노력했다. 다음 날 박사는 A 그룹 참가자들에게 상금이 모자라서 오늘은 줄 수 없다고 말했다. 그러자 당연하게도 A 그룹 참가자들은 퍼즐 맞추기에 더는 열성을 보이지 않았고 빠르게 포기했다. 한편 B 그룹은 처음부터 어떤 금전적인 보상도 받지 못했지만 하루가 다르게 노력을 들이는 시간이 전날보다 더 길어졌다.

이 연구는 단기간에 동기를 부여하는 데에는 돈이 강력한 힘을 발휘한다는 점을 보여 주었다. 돈은 현재 처한 문제와 불만을 가장 즉각적이고 분명하게 해결할 수 있는 요소다. 그렇지만 어느 수준에 다다르면 더는 돈이 중요하지 않다. 반대로, 목표를 달성하기 위해 노력하는 것이 장기적인 목표에 더 지속적이고 효과가 큰 것으로 나타났다. 이 사례에서는 B 그룹이 목표를 달성하기 위해 이틀 연속으로 노력을 기울였다. 극복하고 싶은 과제가 있을 때 성취를 위해 계속 시도하고 노력한다는 점을 보여 준다. 이에 대한 더 흔한 예시를 비디오 게임에서 볼 수 있다. 게임을 즐기는 사람들은 돈이라는 보상이 없어도 스테이지마다 제시되는 미션을 완수하기 위해 미친 듯이 노력한다.

연구자들은 이 놀라운 결과를 보고 인간의 노동관과 자제력의 발휘에 영향을 미치는 또 다른 요인이 무엇일지 연구했다. 스스로 투자하고 발전하고 있다는 느낌과 더불어 동기에는 자율성, 숙달, 목적이라는 세 가지 요인이 더 있는 것으로 밝혀졌다.

자율성을 갈망한다는 것은 인생을 스스로 선택하고 이끌어 가고자 하는 바람이 있다는 의미다. 학생 두 명에게 레고로 다리를 만들어 보라고 지시했다고 해 보자. 한 명에게는 정확한 지침을 주며 그대로 따르라고 하고, 다른 한 명에게는 알아서 만들어 보라고 했다. 누가 다리 만들기에 더 열성을 보였을까? 아마도 후자일 것이다. 한 개인이 더욱 생산적이고 열성적으로 주어진 일에 몰두할 수 있도록 돕기 위해서는 그 사람만의 방식을 장려하는 것이 좋다.

두 번째 요인인 숙달은 무언가를 더 잘하고 싶다는 타고난 인간의 본성과 관계가 있다. 부지런하기로 널리 알려진 전 농구 선수 코비 브라이언트Kobe Bryant의 현역 시절 인터뷰를 보면, 숙달이 자제력에 얼마나 강한 영향을 미치는지 알 수 있다. 그는 가장 위대한 농구 선수가 되고 싶어서 새벽 4시부터 체육관에 와서 혼자 운동한다고 말한 바 있다. 자신이 하는 일에 통달하겠다는 생각을 가진 사람이라면 스스로를 희생하거나 자제력을 보이는 데 주저함이 없을 것이다. 또한 진정한 숙달은 실질적으로 불가능하기에 끊임없이 노력하게 된다.

마지막으로 목적을 살펴보자. 목적은 세상에 영향을 끼치겠다는 의도나 감정을 지칭한다. 인간이라면 누구나 의미 있는 삶을 살고 자신이 속한 사회에 어떤 식으로든 보탬이 되고 싶어 한다. 여러 사례를 볼 때, 목적이 설정되지 않은 상태로 자제력을 발휘하는 것은 그저 단순한 고통처럼 느껴질 뿐이다. 예를 들어 아프거나 다친 사람을 돕고 싶다는 마음이 없는 사람은 의대 생활에 적응하기 어려울 것이다.

이들 동기 부여 요인 중 어떤 것이 자신과 관련 있고 자신에게 내재되어 있다고 생각하는가? 성취하고 싶은 것이 무엇이든 간에 반드시 동기 부여의 세 요소를 목표와 잘 어우러지게 해야 한다. 만약 이루고자 하는 바가

자율성, 숙달, 목적과 관련이 없다면 목표를 향한 여정이
순탄치 않을지도 모른다.

외적 동기 vs 내적 동기

개인의 동기는 다양한 특성을 보이지만 궁극
적으로 외적 동기와 내적 동기라는 두 가지 기본 유형으
로 나눌 수 있다. 타인·환경·사회적 요인에 더 비중을
둔 동기를 외적 동기로, 내면에 집중하며 대개 개인적
필요와 욕구로 결정되는 동기를 내적 동기라고 부른다.

두 가지 동기 모두 효과적으로 활용될 수 있지만, 자
신의 다양한 동기가 어디에 속하는지 제대로 평가할 줄
아는 것도 중요하다. 그래야 스스로 제대로 지켜 나갔을
때 어떤 보상을 주고, 그렇지 않았을 때 어떤 벌을 내릴
지 결정할 수 있다. 많은 사람이 분명한 외적 동기를 지
녔음에도 자신의 동기를 내적 동기로 분류하는 경향이
있다.

외적 동기에는 즐거움을 추구하는 것, 정적 강화positive reinforcement*, 심지어 뇌물 수수도 포함된다. 부를 축적하고 자식을 낳고 사회적으로 높은 지위에 오르고자 하는 욕망이 이 분류에 포함된다. 외적 동기는 자기 자신보다는 타인의 시선에 더 민감하며, 외부의 비난에 약화되는 특성이 있다.

또한 위협, 두려움, 부적 강화negative reinforcement*, 현재의 불행 등과 같은 고통을 피하기 위해 외적 동기를 갖게 되기도 한다. 금전적인 어려움을 두려워하는 마음이 열심히 일해서 해고되지 않겠다는 강한 자극요인이 될 수도 있고, 하고 있는 일에 만족하지 못해 겪는 불행이 더 재미있을 것 같은 다른 일을 찾는 데 시간과 에너지를 소비하게 하는 자극요인이 될 수도 있다. 사람은 누구나 최대한 안락하고 행복하게 살고자 하지만 그러려

- 특정 행동 이후에 긍정적인 자극을 제시하여 해당 행동이 보다 빈번하게 일어나도록 하는 강화 전략의 일종
- 어떤 행동에 수반되는 혐오 자극을 제거함으로써 그 행동을 강화하는 전략

면 삶이 달라지도록 노력해야 한다. 이때 부적 강화 한두 개가 이러한 노력을 이끄는 자극요인으로 작용할 수 있다.

그중에서도 다른 사람으로부터 받는 인식이 가장 큰 외적 동기라고 할 수 있다. 불교의 수도승들은 이기, 오만, 불안, 권력욕에서 벗어나는 법을 배우는 데 엄청난 시간을 쏟는다. 자제와 헌신을 위해 외적 동기를 포기하는 것이다. 하지만 사실 이것들은 물질 사회에서 성공을 이끄는 요인이기에 일반인은 이러한 자극요인을 목표 달성 도구로 사용하는 경우가 많다.

사회적으로 성공하고 타인에게 높게 평가받는 사람이 되는 것은 누군가에겐 정말로 근사한 목표가 될 수 있다. 그래서 자신이 속한 단체 안에서 인정을 갈구하고 이를 얻기 위해 사회적으로 순응하기도 한다. 예를 들어 반 친구들과 단체로 밤에 온라인 게임을 하는 학생이라면, 게임을 하기 전에 숙제를 최대한 빨리 끝내려는 동기가 저녁에 게임을 전혀 하지 않는 학생보다 더 높을 수 있다.

반면 외적 동기를 포기하고 개인적인 필요와 욕구인 내적 동기를 살피며 성공으로 나아가는 사람들도 많다. 인간은 모두 생존을 위해 식량, 물, 잠자리를 필요로 하고 정서적 안정을 위한 인간관계도 있어야 한다. 이것이 결핍되면 다른 것들은 생존의 필수 요소에서 밀려나 버린다. 이러한 기본적인 욕구가 충족되었을 때 내적으로 갈망하는 것이 개인의 만족과 실현이다. 아주 흥미로운 직업을 가지는 것, 다른 사람에게 긍정적인 영향력을 행사하는 것, 친구나 가족과의 관계에서 행복을 느끼는 것이 여기에 해당한다고 볼 수 있다.

개인의 만족과 실현은 종종 성장 및 발전이라는 성취의 형태로 찾아온다. 세계적으로 유명한 운동선수처럼 자제력이 뛰어난 사람들은 내적 동기를 갖고 자신이 종사하는 스포츠에서 가장 높은 수준에 오르기 위해 오랜 시간을 연습과 준비에 쏟는다.

궁극적으로 자제력을 키우는 데 중요한 것은 스스로 동기를 부여하고 그 동기가 정확히 무엇인지, 어디에 속하는지 인식하는 것이다. 자제력을 발휘하며 목표를 위해 계속 나아가기 위해서는 효과적인 동기 및 자극요인이 반드시 필요하다. 마찬가지로 외적 동기 및 내적 동기를 충족시키는 것도 자제력을 빼고선 이룰 수 없다.

모든 행동은 감정과 이성에 따라 이루어진다

고대 그리스의 철학자 아리스토텔레스Aristotle는 인간 행동의 동기에 관한 이론을 펼친 인물로 유명하다. 그는 기원전 367~347년, 335~322년 이렇게 두 차례의 시기를 아테네에서 보내면서 『수사학Rhetoric』이라는 저서를 냈다.

『수사학』 1권 10장에서 아리스토텔레스는 인간이 행동하게 하는 일곱 가지 요인을 기술했다. 간단히 정리하면 모든 행동은 감정이나 이성에 따라 이루어지며, 우리는 즐거움을 추구하고 고통과 괴로움을 줄이기 위해 행동한다고 한다.

아리스토텔레스가 언급한 행동을 유발하는 첫 번째

요인은 '기회'다. 이유나 목적이 결정되지 않은 상태에서 우발적으로 또는 되는 대로 벌어지는 행동을 가리킨다. 오랫동안 만나지 못했던 옛 친구와 마주쳤는데 그 친구가 엄청나게 성공했다는 것을 알고 난 뒤에 찾아오는 감정을 상상해 보자. 친구가 일이 잘 풀려 기쁘면서도 살짝 질투가 나거나 '나는 왜 열심히 하지 않았을까' 하며 후회가 느껴질 수도 있다. 이와 같은 감정이 새로운 열정과 자제력으로 목표를 향해 나아갈 수 있도록 자극제가 되어 준다. 이처럼 흔치 않은 일이 적절한 상황에 발생한다면 삶을 바꾸는 기폭제가 될 수 있다.

그리고 개인의 행동이나 기회가 아니라 필요에 따라 발생한 요인 두 가지가 있다. 그중 한 가지는 '본성'이다. 이미 정해진 내부 요인이며 시간이 흘러도 거의 변하지 않는다. 진짜 재미있는 프로그램을 보는 도중에 텔레비전을 끄긴 어렵지만, 잠이 쏟아진다면 아무리 재미있더라도 전원을 끄게 된다. 잠은 본능적 욕구이므로 그 욕구를 너무 오랫동안 무시하면 필연적으로 건강에 나쁜 영향을 미치기 때문이다.

필요에서 발생한 동기지만 본성에 속하지 않는 요인은 '강요'다. 강요는 자신의 욕망이나 합리성에 반하는 동기를 느껴서 하는 행동이다. 균형 잡힌 몸매와 건강을 얻고 싶다면 잘 먹고 운동해야 한다는 걸 알면서도, 여전히 몸에 좋지 않은 음식을 먹거나 운동을 건너뛰고 싶은 충동을 느끼는 것이 이에 해당한다. 그 생각이 늘 마음 한구석에 자리를 차지하고 앉아 평상심을 유지하기 어렵게 할 것이다. 이런 충동을 극복하려면 스스로를 단련해야 한다.

'습관'은 자신이 원하는 방식대로 행동하도록 자제력을 키우는 데 제대로 작용하는 자극요인이 될 수 있다. 습관이 한번 제2의 본성이 되면 깨뜨리기 어렵다. 명상을 시작하는 것처럼 한번 들인 좋은 습관은 자제력을 단련하고 유지하는 데 도움이 될 것이다. 약물 중독과 같은 나쁜 습관은 신체적이나 정신적으로 계속해서 해가 되는 행동을 하게 할 것이다. 이런 습관을 극복하려면 충동을 유발하는 행동을 피하고 욕망과 싸우는 의지를 키우는 연습이 반드시 필요하다.

이성적 사고를 통해 합리적으로 발전하는 자극요인도 있다. 목표를 이루거나 건전하고 바람직한 무언가를 획득하고자 할 때 보이는 건설적인 행동이 그 예다. 대학에서 열심히 공부하도록 스스로를 다잡는 일이 쉽지만은 않다는 걸 다들 알 것이다. 그렇지만 원하는 직업을 얻기 위해서는 공부가 도움이 된다는 것을 아는 학생에게는 이성적인 동기가 부여될 것이다.

불행히도 사람은 늘 이성적일 수 없다. 행동을 유발하는 또 다른 동기로 '화'와 '열정'이 있다. 이 두 가지는 강한 감정과 충동에서 기인한다. 예컨대, 화가 나면 다른 사람에게 상처를 주기 위해 자신의 온전한 모습을 버리고 싶어질 수도 있다. 이처럼 잠재적으로 해가 되는 욕구를 극복하려면 의사결정 훈련과 자신의 사고방식을 자각하는 훈련이 필요하다.

아리스토텔레스가 말한 행동을 유발하는 일곱 가지 요인의 마지막 한 가지는 '쾌락에 대한 욕망'이다. 기본 욕구가 충족된 뒤에 우리는 자신의 이익에 반하는 행동을 하도록 유도하는 비이성적인 욕망에 끌린다. 슈퍼마

켓에서 필요하지 않고 살 계획도 없던 물건으로 카트를 가득 채웠던 경험이 한 번쯤은 있을 것이다. 물질만능주의의 쾌락에 대한 욕망을 극복하는 연습이 되지 않았기 때문이라고 볼 수 있다.

많은 사람이 동기를 오로지 긍정적인 부분으로 판단하고, 동기가 조금만 더 충족되면 더 열심히 일하고 성공할 수 있다고 믿는다. 그렇지만 사실 동기 그 자체는 중립적이다. 무엇이 자신을 긍정적 또는 부정적으로 행동하게 이끄는지 이해해야 목표 달성을 위해 필요한 행동을 효과적으로 할 수 있다. 그럼으로써 부정적인 동기는 피하거나 저항하고, 자제력을 발휘할 수 있도록 도와주는 긍정적인 동기는 분명하게 인식해야 한다. 이 일에 성공하느냐 못 하느냐는 앞으로의 노력에 달렸다.

The Science of Self Discipline

Chapter 3

자신을 시험해야
한계를 알 수 있다

자신의 분야에서 진정한 전문가가 되고 싶은가? 지금보다 더 나아지기 위해 노력만 한다면 얼마든지 가능한 일이다.

미국의 엘리트 해군 특수부대인 네이비실Navy SEAL은 자제력의 진정한 전문가라 할 수 있다. 해상, 공중, 지상 어디서나 활동할 수 있는 이 전천후 특수부대 요원들은 모두 잘 훈련되어 있으며 노련하고 성실한 데다 유능하다. 네이비실 요원이 되기 위해서는 엄청난 훈련이 필요하다. 훈련을 다 마쳤더라도 마지막 관문을 통과하지 못하는 군인이 부지기수다. 이 과정을 통과한 사람은 말 그대로 전사 그 자체이자 어려움을 '정신력으로 극복'한 인물이라고 할 수 있다. 이들은 불굴의 정신력과 강인한 육체로 어떤 임무든 달성하며 엄청난 고난을 참고 견뎌낸다. 거기에 생사를 건다고 해도 과언이 아니다.

대부분은 능력의 40퍼센트만 발휘한다

잠재력을 최대한 끌어내는 유명한 방법인 40퍼센트의 법칙The 40% Rule은 네이비실 요원들이 자신을 한계까지 몰아붙이며 만들어 낸 규칙이다.

40퍼센트의 법칙은 간단하다. 어느 순간 스스로 신체적으로나 감정적으로 한계에 도달했다는 생각이 들더라도, 실제로는 전체 능력의 40퍼센트밖에 활용하지 않았다는 것이다. 다시 말해 할 수 있다고 믿으면 나머지 60퍼센트를 더 견뎌 낼 수 있다는 뜻이다. 자신이 한계에 도달했다고 느껴도 실제로는 그 근처에도 가지 않은 것이니, 자신의 믿음에 따라 계속하거나 그만두면 된다. 그렇지만 한계에 도달했다고 느낄 때 자기 능력의 40퍼센트밖에 쓰지 않았다고 생각하기란 쉽지 않다. 그 이상 시도하기가 고통스럽고 힘겹기 때문이다.

사람들은 대부분 고통이 느껴지기 시작하거나 스스로 정한 경계에 거의 다다랐을 무렵에 포기하고 싶어 한다. 하지만 실제로 그 지점은 감내할 수 있는 시작점에 불과하다. 그때 찾아오는 고통과 자기 의심을 떨쳐 내면 더 큰 잠재력을 발휘할 수 있다. 더 잘할 수 있다고 스스로를 믿는다면 계속할 수 있는 자신감도 생기고 마음도 더욱 단단해질 것이다.

팔굽혀펴기를 하다가 '열 번 했더니 힘들다', '지치고 팔도 아프고 기운도 없으니 그만두고 싶다'는 생각이 들 수 있다. 하지만 그만두고 싶다는 생각을 멈추고 자신을 추슬러서 한 번만 더 한다면, 못 하겠다고 말하는 목소리를 이미 무시한 자신을 발견하게 될 것이다. 그런 다음 한 번 더 해 본다. 그렇게 또 한 번 더 하고 또 한다. 정신을 차려 보니 어느새 스무 번을 해냈다. 속도는 중요하지 않다. 어쨌든 가능하다고 생각한 것의 두 배를 해낸 것이다.

더 할 수 있다고 믿으면 실제로 그렇게 된다. 이 믿음이 마음속에 미리 심어 둔 자신의 한계를 넘어서도록 도와준다. 팔굽혀펴기를 열 번 하고 힘들어서 그만두고 싶었지만 느리더라도 스무 번을 해내고 나면 강인한 정신력으로 참아 낼 수 있었다는 점을 깨닫게 된다. 사실 한계를 넘는다는 것은 어느 정도의 고통을 참을 수 있느냐의 문제다. 팔굽혀펴기를 더 하기 힘들더라도 몇 개 더 한다고 해서 팔이 부러지는 일은 없다. 한번 해내고 나면 다음번에 힘든 일을 마주했을 때는 한층 자신감이 붙고 다시 한번 정해진 한계를 넘어설 준비가 되어 있을 것이다.

자신의 능력에 대해 강한 믿음만 가지고 있다면 마음은 가장 든든한 지원군이 될 수 있다. 하지만 부정적인 생각에 모든 것을 내준다면 마음은 가장 유해한 적이 될 것이다. 40퍼센트의 법칙을 활용해 자신에게 더 큰 권한을 줄 것인지, 아니면 힘들다고 곧바로 백기를 들어 버릴지는 마음먹기에 달렸다.

운동을 한 지 오래되었지만 5킬로미터를 달리거나 마라톤을 완주하기로 했다고 가정해 보자. 당연히 달리면 숨이 가쁘고 다리가 돌덩이처럼 무거워질 것이다. '내가 지금 잘하고 있나? 너무 힘든 것 같은데?' 그 순간 포기하고 고통과 욱신거림에서 벗어나도 된다. 하지만 상황을 다르게 보고 스스로 과잉보호하려는 위험에서 벗어나고 싶다면, 포기하려는 생각을 이기고 계속 시도하게 될 것이다. 심한 부상을 당한 게 아니라면, 잠깐의 고통은 과정의 일부라고 믿기만 한다면 충분히 완주할 수 있다. 모든 것은 스스로 할 수 있다고 믿느냐 아니냐에 달렸다.

현실적으로 대부분의 현대인은 진정한 육체적, 정신적 한계에 대해 전혀 감을 잡지 못하고 있다. 선조들이 살던 시대와 비교했을 때 상당히 안전하고 안락한 삶을 누리다 보니 정신력 측면에서는 탐탁지 않은 결과를 초래하고 말았다. 스스로를 시험할 수 없으니 어디까지 할 수 있는지 모르는 것이다. 결과적으로 지금은 커다란 도전을 추구하는 사람들만 자제력을 습득하고 정신력을 키울 뿐, 그렇지 않은 사람들은 자신의 능력치나 한계가 어느 정도인지 전혀 알지 못한 채 편안한 삶을 살아가게 되었다.

40퍼센트의 법칙이 주는 장점이 의심스러운가? 그렇다면 이를 뒷받침해 주는 과학적인 증거가 있다. 수년에 걸쳐 플라세보 효과placebo effect에 대해 많은 연구가 진행됐다. 어떤 행동이 성과에 영향을 미칠 것이라는 믿음이 실질적으로 영향을 끼쳤으며, 특히 운동선수들에게 커다란 효과를 보였다. 강인한 정신력이 육체 능력에서 큰 비중을 차지한다는 것이다. 다시 말해, 할 수 있다고 믿으면 실제로 그렇게 된다.

플라세보 효과를 제대로 보여 준 사례로 2008년 「유럽 신경과학 저널European Journal of Neuroscience」에 실린 연구 논문을 예로 들 수 있다. 연구진은 실험 참가자들에게 설탕으로 된 알약을 주면서 이 약에는 엄청나게 강한 카페인이 들어 있으니 먹기만 하면 역기를 계속 들 수 있다고 설명했다. 그 약을 먹고 여분의 힘과 에너지를 얻었다고 믿은 참가자들은 자신도 모르는 사이에 잠재된 힘을 발휘했다.

플라세보 효과가 속임수, 요행, 실험 왜곡, 통계적 변칙이 아니라는 것은 과학적으로 입증된 바 있다. 오히려 인간의 뇌가 결과를 기대하고 자발적으로 움직일 수 있도록 도와 주는 자기 충족적 예언에 가까운 방식이라고 볼 수 있다. 실제로 플라세보 효과는 뇌가 원하는 결과를 창출할 때 보이는 패턴과 상당히 비슷하다. 실제 약물을 썼을 때와 플라세보 효과가 동일한 반응 곡선을 따르는 것을 그 증거로 들 수 있다. 알약 한 개보다 두 개가 심리적으로 더 안정감을 주고 큰 약이 작은 약보다 효과가 강한 것과 마찬가지다.

플라세보 효과를 보면 마음의 힘이 얼마나 강력한지 분명하게 알 수 있다. 플라세보 효과가 체내의 엔도르핀 생산에 변화를 준다는 점을 수많은 연구가 뒷받침해 주었다. 그러니 한계에 부딪혔을 때 60퍼센트의 노력만 기울이면 뭐든 가능하다고 믿기만 하면 된다.

운동선수들의 성과를 연구한 것과는 별개로, 의학 연

구에서도 플라세보 효과의 전형적인 예를 찾아볼 수 있다. 가짜 약을 받은 사람은 실제 처방약이나 비타민을 받은 참가자와 비슷한 효과를 경험했다. 어느 흥미로운 연구에서는 플라세보 진통제를 투여하자 실제로 환자의 고통이 경감됐다고 나타났다. 플라세보 효과가 고통에도 영향을 줄 수 있다는 결과를 다른 방향으로 생각해 보면 뇌가 제어하는 어떤 과정도 '속일' 수 있다는 말이 된다. 이렇듯 플라세보 효과가 성과 향상에 관여한다는 것이 분명하긴 하지만, 자제력 발휘와 관련해서는 어떻게 활용할 수 있을까?

강한 중독에서 벗어나는 일은 해당 중독에 대한 스스로의 태도에 달렸다고 생각해 보자. 중독에서 벗어나기 어렵다고 스스로 믿어 버린다면 실패할 것이다. 그렇다고 순진하게 생각해서 상황을 가볍게 받아들이라는 말은 아니다. 자신이 마음먹은 대로 상황이 바뀌기 쉽다는 의미다.

어떤 목표를 가지고 있든, 자신에 대한 기대를 바꾸면 자제력을 발휘하며 겪는 어려움도 극복할 수 있다. 40퍼센트의 법칙과 플라세보 효과는 궁극적으로 우리 모두가 스스로 평가하는 것보다 더 뛰어난 사람이라는 걸 보여 준다. 한계에 부딪혀 나도 모르게 핑곗거리를 찾고 있거나 자제력이 부족하다고 느낄 때, 이 두 가지를 떠올리고 자신이 내린 결론이 타당한지 생각해 보자. 우리는 어리석게도 종종 무언가를 못 한다고 믿어 버리지만, 성공할 능력이 있고 충분히 계속해 나갈 수 있다고 기대하기만 한다면 실제로 더 멋지게 해낼 수 있다.

감정에 압도될 때는 호흡에 집중하라

수천 년의 진화를 거치며 인간은 외부 자극을 받을 때 자동 반사와 신경 화학 반응을 보이게 되었다. 그런데 이는 최적화된 성과를 내야 하는 상황에서는 크게 달갑지 않은 경우가 많다. 앞에서 언급한 '투쟁 혹은 도피' 반응이 그중 하나다. 외부의 위협을 받아 이 반응이 나타나면, 인간은 생존을 위해 엄청난 생리적 흥분

상태에 휩싸인다. 정신이 멍해지고 모든 자제력과 의지력을 잃게 되는 건 물론이다. 이런 반응이 선사 시대의 위기 상황에서 생존 확률을 높이는 데 공헌했을 순 있으나, 불행히도 현대 사회에서는 크게 필요하지 않다.

일반적으로 인간은 손을 떨거나 손바닥에 땀을 흘리는 것과 같은 자동 반사를 자신의 의지만으로 제어할 수 없다. 엄청난 스트레스를 받거나 극한의 두려움을 경험할 때, 코르티솔이나 아드레날린을 비롯한 강력한 호르몬이 과하게 분비되어 나타나는 현상이기 때문이다. 그 순간 의지만으로 호르몬 분비를 조절하기란 거의 불가능하다고 봐야 한다.

그러나 네이비실 요원에게 원하지 않는 신체 반응에 굴복하는 것은 곧 삶과 죽음을 갈라놓는 중요한 일이다. 그들은 생명이 위협받아 스트레스가 큰 환경에서도 평정심을 유지하는 방법을 알고 있다. 그중 전 네이비실 요원 마크 디바인Mark Divine이 추천한 박스 호흡box breathing을 소개한다. 누구나 쉽게 따라 할 수 있는 호흡법이다.

박스 호흡이란 감정에 압도될 때 호흡에 집중하며 평

정심을 유지하는 방법이다. 4초간 숨을 들이마시고 4초간 머금었다가 4초간 내쉬는 것인데, 이 과정을 반복하면 심장 박동이 안정되면서 평소대로 돌아가게 된다. 간단히 할 수 있고 현역 네이비실 요원들에게도 잘 맞는다고 하니 우리에게도 당연히 효과가 있을 것이다.

일단 스트레스를 받으면 업무 능률이 떨어지고, 창의적인 사고를 할 수 없게 된다. 자신의 잠재력을 온전히 발휘하고 싶다면 침착한 상태를 유지하는 것이 무엇보다 중요하다. 심장이 마구 뛰거나 손바닥에 땀이 나기 시작할 때 원하지 않는 신체 반응이 나타나지 않도록 숨쉬기에 집중해 보자. 지금 자신이 지나치게 흥분해서 통제가 불가능하고 자제할 수 없는 상태에 있다는 점을 인식하고 박스 호흡을 실행하는 것이 중요하다. 일단 호흡에 집중하면 스스로를 제어할 수 있게 되니 걱정할 필요가 없다. 의지와 상관없이 일어나는 신체 반응에 당황하여 섣불리 다루려고 하는 것보다는 그 반응 자체를 멈추는 것이 더 쉽다.

명상을 연습하는 일과 호흡법에 집중하는 일 모두 '투

쟁 혹은 도피' 본능을 줄이는 효과가 있다. 한발 더 나아가서 흥분을 제어할 수 있다면 결과에 엄청난 차이가 날 것이다. 많은 사람 앞에서 발표를 해야 해서 몹시 긴장했거나, 중요한 시험을 눈앞에 두고 너무 불안하거나 등 스트레스를 주는 요인이 무엇이든 간에 박스 호흡을 통해 흥분을 제어할 수만 있다면 한층 분명한 마음 상태로 상황을 잘 다룰 수 있게 될 것이다.

목표가 높을수록 실현 가능성도 높아진다

야심 찬 목표가 성공의 변수로 작용할까? 에드윈 A. 로크Edwin A. Locke와 게리 P. 레이섬Gary P. Latham은 공동으로 발표한 논문 「신개념 목표 설정 이론New Directions in Goal-Setting Theory」에서 유명한 말을 남겼다. '목표를 설정해 놓은 사람에게 성취 능력이 있고 세워 놓은 목표들이 상충하지 않는 이상, 달성의 어려움과 실행 사이에는 긍정적인 선형 관계가 구축된다.'

다시 말해, 힘들어도 현실적인 목표를 설정하면 그 목표를 이루어 나가는 성과가 향상된다는 의미다. 고만고만한 목표는 힘든 목표만큼 동기 부여를 하지 못해 충분한 노력이 들어가지 않는다. 네이비실의 40퍼센트의 법칙이 이 점을 여실히 보여 준다.

곧 해외여행을 갈 예정이라 그 전에 지역의 언어를 조금 익히고 싶다고 가정해 보자. 과학자들은 '아주 기초적인 말만 배워 놓겠다'라는 평범한 목표보다 '몇 달 안에 중급 수준의 언어 수준을 얻겠다'라는 야심 찬 목표가 더 좋은 결과를 가져다준다고 말한다. 후자라면 그만큼 더 시간을 들여야 하겠지만 목표를 달성하겠다는 제대로 된 동기와 노력이 실질적으로 더 큰 목표에 닿게 해 준다는 것이다.

그랜트 카돈 Grant Cardone 은 목표를 얼마나 높게 설정해야 하는지 확인할 수 있는 간단한 규칙을 고안해 냈다. 바로 열 배의 규칙 The 10X Rule 이다. 자신이 원하는 목표를 열 배로 높이고 그에 필요한 행동을 열 배로 실행하는 것이다.

열 배의 규칙은 의도적으로 과한 목표를 잡는 것이 특징이다. 그렇게 해서 자신의 가능성에 대한 생각과 실행 계획을 바꾸도록 만드는 원리다. 지금까지 자신이 해온 사고와 행동이 현재의 위치를 만들었다는 점을 분명하게 인식하고, 앞으로 더 많이 성취하고 싶다면 이전에 기준으로 삼았던 것에서 벗어나 사고하고 행동해야 한다. 무엇이든 열 배나 더 하라는 말이 충격적으로 들리겠지만 발전을 위해서는 반드시 필요하다.

체중을 줄이는 것을 예로 들어 보자. 지금 몸무게보다 4.5킬로그램 정도 감량하고 싶다고 했을 때 열 배의 규칙을 적용하면 45킬로그램을 줄여야 한다는 말이 된다. 뺄 살이 45킬로그램이나 되지 않을 수도 있지만 중요한 것은 목표에 따라 접근 방식이 달라야 한다는 점이다. 4.5킬로그램을 감량하려면 몇 주 동안만 음식을 조절하며 운동하면 되지만, 몸무게가 금방 돌아올 수도 있다. 반면에 45킬로그램을 감량해야 한다면 전반적인 생활 습관을 완전히 바꾸어야 한다. 엄청난 노력이 필요한만큼 줄어든 체중이 오래 유지되는 결과로 보답받을 수 있도록 말이다.

10분만 차를 타고 외출할 일이 생긴다면 별 준비 없이 운전을 시작할 것이다. 그런데 열 시간 이상 차를 타야 한다면 어떨까? 운전하며 들을 음악을 고르고, 차 안에서 먹을 간식도 챙기고, 미리 주유도 해 놓게 된다.

핵심은 자신을 과소평가하지 말라는 것이다. 처음 생각한 것보다 더 능력이 있다고 믿고 더 많이 이루기 위한 계획을 세워라. 그리고 그 계획에 따라 자신을 단련해라. 우리는 자신에게는 기대를 거의 하지 않거나 시시한 기대 정도만 하고 실패해도 별로 낙심하지 않는다. 하지만 지금 상황보다 나아지려는 의지가 없다면, 항상 평범함에 갇혀 벗어날 수 없을 것이다.

과도한 생각은 사고 능력을 떨어뜨린다

인간의 뇌는 특히 발달했기에 의사결정을 해야 할 때 다른 영장류보다 더 나은 결정을 내릴 수 있다고 은연중에 생각하는 사람이 많을 것이다. 하지만 하버드대학교에서 실시한 인간 대 침팬지의 자제력 실험 결과는 그런 예상을 완벽하게 뒤엎는다. 연구진은 피험자들에게 곧바로 두 개의 보상을 얻거나 2분을 기다렸다가 여섯 개의 보상을 얻을 수 있는 두 가지 선택지를 제공했는데, 이때 인간과 침팬지의 선택이 확연히 달랐다. 72퍼센트의 침팬지가 기다리는 쪽을 선택한 반면, 인간은 19퍼센트만 기다리는 쪽을 선택했다. 침팬지가 우리 인간보다 똑똑한 것도 아닐 텐데, 이 차이는 어디에서 온 걸까?

뇌가 어떻게 발달했느냐가 그 차이점이었다. 우리는 아주 분명한 해답을 두고도 과도하게 생각하고 결정을 내린다. 그 바람에 이상적인 결과를 방해하는 나쁜 행동을 합리화하게 된다. 무엇이 타당한 이유고 어느 것이 진짜 핑계인지 늘 확신할 수 없다. 이 때문에 효율적인 사고 능력이 크게 떨어지는 것이다.

이럴 때 10분의 규칙The 10-minute Rule이 유용하다. 무언가를 하고 싶다면 그 결정을 내리기 전 최소 10분간 기다리는 것이다. 논란이나 변명의 여지가 없는 간단한 규칙이다. 충동적으로 빨리 무언가를 하고 싶어 안달이 난다면 10분만 참으며 기다려 보자. 10분이 지났지만 여전히 마음이 그대로일 때 시도해도 늦지 않다. 아니면 10분을 더 기다리는 것도 괜찮은 방법이다. 기다리기를 선택하면, 즉각적인 만족에서 벗어나 자제력을 키우고 의사결정 능력을 향상시킬 수 있다.

마찬가지로 긍정적인 행동을 할 때 힘들어서 그만두고 싶어졌다면 10분만 참아 보자. 같은 사고 과정을 다른 방식으로 적용하는 것인데, 10분은 짧은 시간이니 딱 그만큼만 계속해 보는 것이다. 한 번 10분을 버텼다면 이후 그 행동을 반복하기는 훨씬 수월할 수 있다.

이 방법을 좋은 습관을 강화할 때 써먹을 수도 있다. 생산적인 활동을 하고 있을 때 그만두고 싶다는 기분이 들면 5분만 더 해 보자. 그런 다음 추가로 6~7분 더 해 본다. 집중력이 흐트러질 때마다 몇 분씩만 더 참는 연습을 하면 점차 자제력이 강화될 것이다.

사실 자제력을 키우는 일은 쉽지 않다. 이성과 본능이

충돌하고 스트레스에 자연스럽게 반응하게 되는 경우가 빈번하기 때문이다. 세상에서 자기 통제가 가장 잘된다는 사람들로 알려진 특수부대 요원들조차 처음부터 집중력과 자제력이 뛰어나게 태어난 것은 아니다.

네이비실 요원들이 스스로를 단련한 방식은 우리가 일상에서 적용할 수 있을 만큼 간단한 것들이다. 그들의 강도 높은 육체 훈련은 40퍼센트의 법칙을 통해 스스로 생각한 한계를 넘어설 수 있도록 고안되었다. 극도의 스트레스를 경험하는 상황에서도 침착하게 집중하는 방법들로, 자제력을 잃고 마음을 흐트러뜨리는 일을 막아 주었다. 또한 높은 목표를 세우고 거기에 맞춰 계획을 실행함으로써 즉각적인 만족을 추구하느라 곤경에 빠지는 상황을 피했다.

우리 모두는 얼마든지 한 단계 더 발전하는 삶을 살 수 있다. 그런 일이 가능하다는 것을 네이비실이 입증해 준다.

The Science of Self Discipline

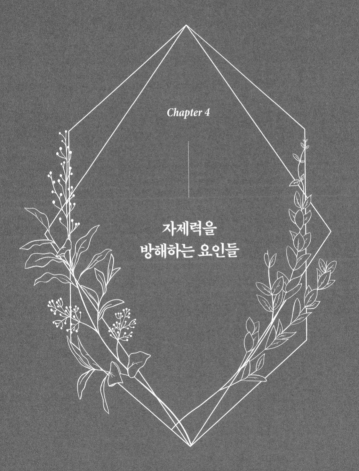

Chapter 4

자제력을
방해하는 요인들

지금까지 강조해 왔듯이, 자제력은 목표와 염원을 성취하고자 할 때 꼭 필요한 자질이다. 많은 사람이 직관적으로 이 점을 인식하지만 잠재된 힘을 끌어낼 만큼 충분히 자제력을 사용하지 못한다. 그 이유는 무엇일까?

사실 우리는 모두 현재의 자신에서 어떤 부분을 향상시켜야 더 나은 사람이 될 수 있는지 본능적으로 알고 있다. 그렇게 하려는 의도도 충분히 있다. 단지 인식하는 것보다 더 많이 그 과정에서 빗나가고 있을 뿐이다. 이 장에서는 외부 요인을 원망하기보다는 한층 은밀하고 비밀스럽게 자제력을 방해하는 것들을 알아보는 데 중점을 두었다.

일상생활에서 목표를 달성하고자 제대로 노력하는 것을 방해하고 부정적인 행동을 반복하게 하는 요인은 무엇일까? 어쩌면 사회생활을 하면서 만나는 사람들로부터 나쁜 영향을 받을 수도 있다. 자신도 모르는 사이에 부정적인 사고나 나쁜 습관이 몸에 배어 스스로를 힘들게 할 수도 있다. 자제력을 가늠하기만 하거나 잘못된 동기를 부여했을 수도 있다. 원인이 무엇이든 간에 분명한 것은 바꿀 수 있다는 사실이다.

이번 장에서는 자제력을 방해하는 요인에는 무엇이 있는지, 이를 어떻게 극복할 수 있는지를 알아보자.

나를 쉽게 바꿀 수 있을 거라는 헛된 믿음

자제력을 발휘하여 목표를 이루고자 할 때, 가장 흔한 실수는 자신의 행동을 쉽게 바꿀 수 있다고 믿어 버리는 것이다. 이 증상을 헛된 희망 증후군False Hope Syndrome이라고 부른다. 이런 믿음을 가진 까닭에 우리는 비현실적으로 높은 기대치를 설정하는 경향이 있고 이는 실패를 보장하는 것과 다름없다.

우리는 늘 좋지 않은 습관을 깨뜨리는 일이 얼마나 힘든지 간과한 채 세상에 힘든 유혹 따위는 없다는 듯 수월하게 역경을 헤쳐 나가는 자신의 모습을 머릿속에 떠올린다. 하지만 헛된 희망을 많이 심어 놓을수록 실패할 확률은 더 높아지고, 개선하고 싶던 행동은 더욱 바뀌지 않는다.

심리학 교수 피터 허먼Peter Herman은 자제력과 자기 향상을 연구하여 굳건한 의도와 확실한 동기가 있음에도 실패를 겪는 이유를 정리한 바 있다. 허먼은 많은 사람이 극적인 변화를 추구하려는 경향이 있고, 그 때문에 꾸준히 지속할 수 없어 실패한다고 설명했다. 과도한 야망은 대개 그 목표를 성취하거나 변화하는 데 수반되는 어려움을 간과하게 한다.

지금 가장 원하는 게 뭔지, 그렇게 하기 위해서는 어

떻게 해야 하는지 순간적으로 명확하게 파악할 수는 있다. 하지만 일상에서 찾아오는 스트레스나 마주치는 곤경 탓에 명확했던 목표는 차츰 흐려지고 익숙한 유혹과 함정이 그 자리를 파고들게 된다. 잠깐 불편한 것을 참지 못하는 충동에 쉽게 무너지면서도 스스로 인식조차 못 할 수 있다.

단번에 거창한 변화를 이끌고 큰 목표를 성취할 수는 없다. 목표를 성취하는 과정에서 긍정적인 피드백도 필요하고 중간 성과도 눈에 보여야 하는데, 애초에 비현실적인 목표를 세워 놓으면 과정이 순탄치 않으니 그렇게 될 리가 만무하다.

흡연을 예로 들어 보자. 흡연은 물리적·정신적으로 중독을 일으키는 나쁜 습관이다. 단칼에 담배를 끊기는 굉장히 어렵고, 한 번 시도했다가 실패한 사람들은 종종 낙담하여 다시 담배를 피우던 상태로 돌아간다. 너무 야심 찬 목표를 세우고 애초에 이길 수 없는 상황으로 자신을 몰아넣은 셈이다. 이럴 때는 사소한 유혹에도 쉽게 흔들리게 된다.

하지만 첫 달에는 흡연량을 절반으로 줄이고 다음 달에는 그 절반을 줄이는 식으로 금연 계획을 세우면 어떨까? 바로 담배를 끊는 것보다는 훨씬 달성하기 쉬운 목표다. 몇 달 동안 천천히 담배를 줄여 나간다면 금단 현상도 차츰 줄어들어 완전히 금연에 성공할 가능성이 더욱 높아진다. 실현 가능성이 높은 목표를 세운 덕분이다. 긍정적인 피드백도 꾸준히 얻을 수 있으니 계속할 수 있는 동기도 부여된다. 더불어 그 과정에서 뇌 속에는 새 신경 회로가 발전할 수 있도록 자신의 사고 유형과 행동에 집중할 수 있는 시간이 확보된다. 앞으로 얼마든지 새로운 습관을 유지해 나갈 수 있는 것이다.

바꾸고 싶다는 희망을 실제로 이룰 수 있도록 유지하고 자각하는 것이 핵심이다. 지금 달려가고자 하는 목표를 어떻게 정하고 있는가? 현재 자신의 능력을 객관적으로 정확히 반영했는가? 아니면 어려움 따위는 없을 거라고 생각하며 이상적인 목표를 세워 놓았나? 다시 한번 강조하지만, 목표를 향해 꾸준히 나아가려면 반드시 헛된 희망을 피해야 한다.

현실적으로 계속해 나갈 수 있는 방법을 생각하는 것은 자제력을 계속해서 발휘할 때 동기나 영감만큼 중요하다. 그 방법이 지금 당장은 힘들고 습관이나 사고방식을 상당히 많이 바꾸어야 할 수도 있겠지만, 분명 원하는 결과에 더 가까워질 수 있다.

미루는 습관은 게으름에 대한 합리화다

자제력을 발휘해야 할 때, 미루기는 완벽한 조건을 기다린다는 명분으로 게으름을 정당화한다. 사실 모든 상황이 완벽해야만 할 수 있는 일은 없다. 밖에 비가 오니까, 아니면 오늘은 어쩐지 좀 피곤한 것 같아서 헬스장에 가는 걸 미루긴 쉽다. 또 헬스장으로 가는 길이 공사 중이라고 아예 가지 않겠다는 것도 말이 안 된다. 모두 변명에 지나지 않는다.

자제력을 높이는 방법은 간단하다. 목표를 추구하거나 습관을 바꾸려 할 때 제대로 된 시기가 올 때까지, 준비가 다 될 때까지 기다리지 않으면 된다. 게으름에는 늘 핑계가 따른다. 모든 것이 평온하고 적절한 시기라고 느껴질 때는 이미 너무 늦다. 어쩌면 성공할 기회는 사라지고 없을 것이다.

이해가 잘 안 되는가? 가슴에 손을 얹고 곰곰이 생각해 보자. 지금 이런저런 핑계를 대며 자기 합리화를 하면 나중에는 또 무슨 새로운 핑계로 주저하게 될까? 해야 할 것을 미루기 위한 명분이나 핑계를 전혀 찾을 수 없는 완벽한 상황이 평생 찾아온 적이 있기는 한가? 절대 없다는 것을 당신도 알 것이다.

담배를 끊고 싶어 하는 사람이 바쁜 일이 마무리되고 스트레스가 적어질 몇 주 뒤부터 금연을 하겠다고 결심할 수는 있다. 하지만 얼핏 논리적으로 보이는 이런 미루기조차 언제 어디서든 다른 방향으로 적용될 수 있기에 해롭긴 마찬가지다. 지금 당장은 상황을 개선할 수 없으니 기다려야 한다고 자신에게 말하고 있기 때문이다. 이런 태도는 실제로 상황이 나아져도 달라지지 않는다. 그때 가서 또 다시 미룰 핑계를 찾게 될 뿐이다.

물론 중요한 일을 하려고 할 때 걱정이 들 수 있다. 도전할 대상이 있다는 건 신나지만 이루지 못할까 봐 불안해지기도 할 것이다. 스스로 충분히 준비가 되었는지, 한 번도 직면해 보지 못했던 장애나 어려움을 극복할 자질이 있는지 의구심을 갖는 것은 지극히 자연스러운 일이다. 게다가 현대 사회에는 완벽함을 추구하려는 풍조가 팽배해 있다. 실패할까 봐 두렵고, 완벽하지 않다면 시작조차 하고 싶지 않다는 생각이 들기 마련이다.

미래를 설계할 때 원하는 만큼 시작을 늦출 수 있지만 가장 좋은 방법은 그냥 시작하는 것이다. 그 일이 건강해지려는 노력이든, 취미로 글을 쓰려는 것이든, 새로 시작하려는 사업이든 무엇이든 상관없다. 새로운 결심을 시작하기 좋은 때는 바로 지금이다. 기다려야만 하는 완벽한 타이밍이란 거의 존재하지 않는다고 봐야 한다. 돈이나 경험이 더 쌓일 때까지 기다린다고 해서 목표 달성의 길이 극적으로 쉬워지지는 않는다. 일단 시작을 해야 성공할 기회가 생기니 그 과정에서 다른 자잘한 부분을 돌아보면 된다.

미루는 버릇과 완벽주의를 타파하는 좋은 방법으로 75퍼센트의 법칙The 75% Rule이 있다. 무언가를 시작할 때 꼭 100퍼센트 확신을 가질 필요는 없고, 75퍼센트 정도 만이라도 있을 때 행동하면 옳거나 성공한다는 법칙이다. 일반적으로 4분의 3 정도면 준비가 충분히 된 것이다. 심지어 그 시점에서 수확체감diminishing returns*이 시작될 수도 있다. 바라는 만큼 자제하고 싶다고 해서 그렇게 되는 것은 아니다. 자제력은 꾸준한 행동을 통해서만 일어난다. 따라서 어느 부분에서 75퍼센트의 수준에 도달했다면 결정을 내리고 행동을 취할 때가 된 것이다.

가령 마라톤에 참여하고 싶은데 체력이 그리 좋지 못한 경우를 떠올려 보자. 한 번에 42.195킬로미터를 끝까지 달릴 가능성은 지극히 적다. 그러나 안전하게 3킬로미터를 뛸 가능성은 상당히 높아 75퍼센트 정도가 될 수 있다. 그렇다면 3킬로미터 완주를 첫 번째 목표로 삼고

---

* 투입량이 일정한 수준을 넘으면 산출량의 증가율이 점차적으로 감소하는 현상

준비에 들어가야 한다. '어떻게 3킬로미터나 뛴다는 거야?' 하고 생각할지도 모르지만 할 수 있다고 생각하고 곧바로 옮기는 첫걸음이 중요하다.

꾸준히 연습하다 보면 얼마 지나지 않아 하프 마라톤을 뛸 가능성이 75퍼센트 정도로 오를 것이다. 계속 노력하면 결국 완주 가능성을 그만큼 높일 수 있다. 이처럼 큰 목표를 잘게 쪼개면 곧바로 시작할 수 있을 정도로 현실성이 높아지고 실패로 낙담할 필요 없이 단계별로 꾸준히 단련해 나갈 수 있다.

항상 실패를 두려워만 하거나 자제력을 발휘하는 데 외부 요인에 너무 의존하고 있다면 바라는 성공을 얻을 수 없다. 확신이 없어도 현실적으로 접근해 기꺼이 하겠다는 마음만 있다면 성공적으로 자제력을 기를 수 있다.

과거의 성공에 도취되지 마라

우리는 과거에 열심히 했던 모습을 떠올리며

자화자찬하는 경향이 있다. 의지를 새롭게 다지고 자기애를 보여 주거나 너무 융통성 없게 굴지 않기 위해 필요하다고 말하는 사람도 있지만 사실은 그것이 자신을 단련하는 과정을 방해하는 경우가 더 많다.

마음은 자제하지 않아도 되는 핑계를 끊임없이 만들어 낸다. 한 연구에서 실험 참가자를 대상으로 타인에게 자선을 베풀었을 때를 회상해 보라고 한 뒤 기부를 해 달라고 요청했다. 과거에 자선 활동을 했던 사람은 그렇지 않은 사람보다 기부 금액이 60퍼센트 적었다. 과거의 자선 활동을 떠올린 사람은 이미 사회적 의무를 다했다고 여겼거나 기분이 좋아졌기에 현재의 자선 활동에 인색해졌다. 즉, 그들은 자신의 과거 선행을 생각하는 것만으로도 현재는 그러지 않아도 된다고 합리화해 다시 선행을 하지 않은 것이다.

과거의 성취를 생각할 때 이런 일들이 벌어진다. 좋았던 기억을 현재와 결부시켜 더는 할 일이 남지 않았다고 느끼는 사람들은 앞으로 이뤄야 할 목표를 갉아먹는 행동까지 합리화하게 된다.

언제 그런 일이 발생하는지 스스로 인식하고 현재에 대한 책임감을 유지해야 한다. 과거의 행동으로 얼마나 큰 보상과 휴가를 얻었는지와는 상관없이 그것을 이유로 핑계를 대거나 합리화하려는 경향을 받아들이면 자제력에 정말로 부정적인 영향을 끼치게 된다. 매 순간 또는 결정을 내릴 때마다 과거의 행동을 '이월'해 올 수는 없다. '어제 진짜 잘했으니 오늘은 쉬어야지' 하고 생각하는 것처럼, 과거의 행동으로 현재의 비생산적인 행동을 정당화하는 자신의 모습을 발견한다면 당장 그만두고 자신의 발전 과정을 약화시키지 말자. 현재 일어나는 모든 일은 개별적으로 받아들여라. "내가 그렇게 한 적이 있으니 이렇게도 할 수 있어!"라는 식으로 말한다면 분명 합리화하는 경향이 있는 것이다.

알코올 중독에서 벗어나기 위해 치료를 받는 중인데 친구의 생일을 맞아 레스토랑에 갔다고 생각해 보자. 모처럼 있는 친구 생일이니 축하주 한잔의 유혹에 빠지게 될 것이다. 지금까지 몇 달 동안 술을 입에도 대지 않았으니 딱 한 잔 정도는 괜찮을 거라고 합리화하기 쉽다.

이것이 규칙에서 벗어난 행동을 정당화하는 핑계다. 한 번 벗어나면 어떻게 될지 당신도 충분히 짐작할 수 있을 것이다. 한 잔을 마시고 나면 금주와의 연결고리가 사라졌으므로 두 잔째는 더욱 쉬워진다. 한 번의 실수가 모든 걸 바꿔 놓는 셈이다.

시카고대학교에서 실시한 실험은 자신을 단련하는 도중에 실수를 합리화하는 경향을 더 자세히 설명해 준다. 연구진은 다이어트를 하는 실험 참가자를 모집해 지금까지 노력한 과정을 축하해 주었다. 그런 다음 참가자들은 사과나 초콜릿 바 중 하나를 보상으로 받게 되었다. 자신이 얼마나 열심히 했는지 떠올린 참가자의 85퍼센트가 사과 대신 초콜릿 바를 선택했다. 결국 그들은 유혹 앞에서 자기 합리화를 했고 결과 또한 책임져야 했다.

자기도 모르게 핑계를 대는 순간을 포착했을 때가 실제로 자제력을 연습하기에 가장 좋은 시기다. 앞서 서술한 연구에 등장한 참가자들은 다이어트를 하겠다는 목표와 마음가짐이 분명할 때 유혹과 배고픔을 잘 이겨냈다. 하지만 은밀한 방식으로 어려움을 주었을 때 자제력이 크게 떨어졌다. 이런 경향을 파악하고 제대로 맞설 수 있도록 자제력을 유지한다면, 목표를 이루어 가는 과정에서 길을 잃지 않는 동시에 자제력이 한 단계 더 강화될 것이다.

데드라인이 집중력을 높인다

미루는 습관이 있는 사람들은 늘 시간적 압박을 받아야 더 높은 성과를 낼 수 있다는 핑계를 대며 자신의 행동을 정당화한다. "난 막상 닥치면 잘해!" 흥미롭게도 이런 정당화가 실제로 효과가 있다고 증명하는 법칙이 있다. 파킨슨의 법칙Parkinson's Law에 따르면 일을 완성하는 데 드는 시간만큼 일도 늘어난다고 한다. 어떤 일을 마치는 데에는 마감 시한이 넉넉하든 촉박하든 주어진 만큼의 시간이 든다는 뜻이다. 사람들은 시간이 넉넉하면 느긋하게 행동하며, 마감까지 여유가 없다면 자제력을 총동원해 일을 마친다.

이 법칙은 영국의 역사학자 시릴 파킨슨_{Cyril Parkinson}이 창시했는데, 그는 영국 행정관으로 일하는 동안 이런 경향을 파악하게 되었다. 관료들이 많을수록 업무 효율이 오히려 떨어지고, 주어진 공간과 시간이 많을수록 업무를 수행하는 데 더 오랜 시간이 걸렸다. 파킨슨은 이런 현상이 다른 상황에도 광범위하게 적용될 수 있다는 점을 인식하여 무언가의 규모가 커질수록 효율이 감소한다는 법칙을 세웠다.

또한 그는 자신이 규정한 법칙이 자제력과도 관련이 있으며, 주어진 시간이 많다면 단순한 일도 더 복잡해진다는 점을 알아냈다. 마감 시한을 촉박하게 잡으면 일이 단순하고 쉬운 상태로 끝났다.

한번 주어진 일이 줄어드는 경우는 거의 없다는 것을 우리 모두가 알고 있다. 그러니 생산성과 효율성을 높이고 싶다면 업무를 할 때 제한 시간을 설정하여 파킨슨 법칙의 함정에 빠지지 않도록 해야 한다. 시간을 정해 놓고 업무에서 중요한 부분에 집중해 보라. 필요 이상으로 일을 복잡하거나 어렵게 만들지 않게 된다.

예를 들어, 상사가 어떤 자료를 토대로 주말까지 차트 몇 개를 만들어 달라고 했다고 치자. 하지만 자료를 보고 나니 체계가 없고 한눈에 읽기에도 엉망이라 편집부터 시작한다. 그 작업에 일주일이 꼬박 걸렸지만 정작 만들어야 하는 차트는 한 시간이면 완성할 수 있었다. 만약 하루 만에 일을 해내라는 지시를 받았다면 차트를 만드는 데에만 집중하고 중요하지 않은 것들은 모두 무시했을 것이다. 파킨슨의 법칙이 알려 주었듯 사람은 공간이 생기면 그 공백을 메우기 위해 일을 늘린다.

실제로 촉박한 마감 시일을 잡아 놓으면 집중력을 발휘해서 일하도록 노력하게 된다. 기간이 길면 오히려 일이 끝나지 않는 느낌이 들고 더 많은 압박을 받기에 스트레스 지수도 높아진다.

자제력을 발휘하지 못하게 하는 요인을 파악하려면 평소 자신이 하고 있는 행동을 면밀히 분석해야 한다. 어떤 면에서 내가 나 자신의 최악의 적인가? 자제력을 망치는 모든 방식을 분명하게 파악했다면 꾸준히 자제력을 단련하는 것은 그 자체로도 충분히 불편하고 어렵다는 사실을 염두에 두자. 스스로 다른 행동을 하며 그 과정을 어렵게 만들고 있지는 않은지 생각해 보자. 그래야 현실적인 기대를 가짐으로써 지치거나 낙담하지 않을 수 있다.

The Science of Self Discipline

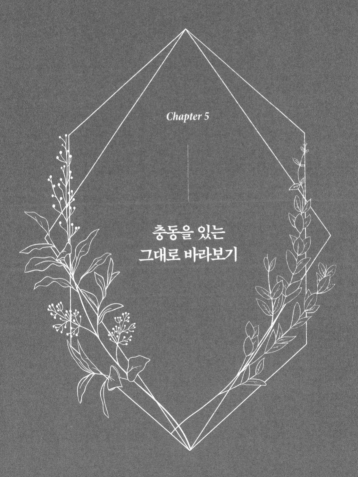

Chapter 5

충동을 있는
그대로 바라보기

자제력을 발휘하는 건 원래 힘든 일이다. 강인한 목적의
식이 없다면 사람들은 자신을 단련하기 위해 자발적으
로 고통을 감수하지 않을 것이다. 아이스크림을 먹거나
게임을 하기 위해 자제력을 단련해야 한다는 이야기는
들어 본 적도 없다.

　자제력을 단련할 때 지식이나 습관, 생각, 시각화를 사
용한다고 해서 그 과정이 편안해지지는 않는다. 솔직히
자제력을 발휘하는 것은 귀찮은 일을 할 때와 비슷한 느
낌이다. 꼭 필요한 핵심 역량이 자제력 자체에서 늘 비

롯되는 것은 아니다. 그 과정에서 다루고 인내해야 하는 불편함에서 비롯되기도 한다. 인내는 강인한 정신력을 활용하여 '불편을 느끼는 근육'을 이완시키고, 쉽고 편하게 즉각적인 만족을 얻으려는 본능을 억제하는 행동이다. 근육통으로 팔이 떨어져 나갈 듯해도 무딘 짜증으로 여기고 무시하거나, 다이어트 탓에 찾아오는 극심한 공복을 내심 즐기는 행동을 추구하는 것이다.

자제력을 기르며 생기는 일시적인 불편함은 장기적으로 보면 도움이 된다. 역기를 드는 순간에는 힘들지만 근육은 더 강해지는 것처럼, 규칙적인 행동과 결정이 불편을 느끼는 근육을 더 튼튼하게 만들 수 있다. 힘든 상황을 받아들이는 습관을 꾸준히 들이면 인생의 모든 측면에서 긍정적인 영향을 받을 수 있다. 힘든 것, 불편한 것을 바라보는 시각을 바꾸어 보자. 어떤 어려움이나 유혹, 실패를 경험해도 다시 일어설 수 있는 강인한 정신력을 얻게 된다.

지치고 짜증 나고 낙담할 때일수록 더욱 절실히 자제력을 단련해야 한다. 자제력을 연습하는 것은 말 그대로 두뇌가 기본적으로 인내 모드로 작동할 수 있도록 실질적으로 훈련하는 것이다.

물줄기는 막을수록 거세진다

자제력을 키우기란 쉽지 않지만 충동과 유혹의 강도를 줄이는 방법을 익혀 조금이나마 수월하게 만들 수는 있다. 충동은 습관적인 행동이나 과거의 중독에 관여하려는 갑작스러운 자극으로, 단순히 생각뿐만 아니라 종종 물리적인 신체 감각으로도 발현된다.

중독 치료 분야의 선구자였던 심리학자 앨런 말레트Alan Marlatt는 충동을 다루는 방법을 고안했다. 말레트는 이 기법을 충동 서핑Urge Surfing이라 지칭했는데, 그의 말에 따르면 충동은 바다에서 파도를 타는 것처럼 강하게 몰려들어 높아지다 결국 부서지기 때문이다. 이는 익숙하지 않은 불편을 받아들이고 유혹에 저항할 수 있어, 자제력과 강인한 정신력을 키우는 데 좋은 연습이 된다.

충동 서핑에 대해 자세하게 설명하기에 앞서 기본 개념부터 살펴보자. 가장 최근에 느낀 강렬한 충동은 무엇인가? 실질적으로 그 충동이 무엇이었든지 간에 그것에 대해 생각하고 경험했을 때의 느낌에 집중해라. 그 충동 자체를 마음껏 즐겨라. 이제, 시간이 지나면서 감정이 어떻게 달라지는지 살펴라. 동시에 충동에서 벗어날 수 있도록 가볍게 호흡에 집중하며, 충동이라는 파도를 타고 있다고 상상해 보자.

우리는 본능적으로 충동이 무엇인지 파악하려는 습성이 있기에 충동 서핑은 고치고 싶은 과거의 습관이나 경향에서 자신을 분리하는 데 도움이 된다. '담배 한 대 피우고 싶어'라는 생각 대신 '담배 한 대 피우고 싶은 충동이 드네' 하고 생각해 보자.

충동은 우리가 싸워서 이겨야 할 마음속의 한 부분이 아니다. 경험하고 파악한 뒤, 지나가게 하거나 그냥 두어도 될 '감각'일 뿐이다. 충동과 맞서 싸울 때는 대개 20~30분이 최대 고비다. 충동과 싸우거나 아예 없애 버리려고 한다면 충동은 오히려 더 강해지고 오래 남아 역

효과가 날 뿐이다. 게다가 더 깊이 각인되는 동시에 앞으로 충동을 없앨 능력에 대한 자신감도 약화된다.

반대로 무언가를 하고 싶다는 충동이 들 때 개방적인 태도를 보이고 역으로 그 충동이 어디서 온 건지 관찰한다면 신속하고 수월하게 가라앉아 극복하는 데 도움이 될 것이다.

충동의 힘은 중독성이나 유혹이 아니라 충동 자체를 충족시키려는 의지에서 생긴다. 재활 시설에 머무르는 환자들을 보면 이 점을 잘 알 수 있다. 중독된 대상에서 완전히 떨어져 있으면, 가까이 있을 때에 비해 환자의 갈망이나 충동이 놀라울 정도로 적어진다. 재활 시설은 환자의 내적 갈등 요소를 제거해 충동을 키우는 어떤 요인도 남기지 않는다. 그러니 충동은 그저 스쳐 지나갈 뿐이다.

충동 서핑 외에 이 내적 갈등을 지칭하는 또 다른 비유가 있다. 충동을 폭포로, 충동과 싸우는 것을 폭포를 막는 것으로 여기는 방법이다. 폭포를 막아도 물줄기는 어쨌든 쏟아질 것이고, 어쩌면 막으려는 압력 탓에 원래

보다 더 큰 힘으로 작용할지도 모른다. 그러므로 폭포 같은 충동을 무작정 막기보다는 한 걸음 옆으로 비켜나 가만히 바라보는 마음가짐으로 이 시나리오에서 탈출해도 괜찮다. 이 전략은 자기효능감self-efficacy*을 향상시키는 데 가장 효과가 큰데, 충동을 자신과 분리해서 식별하는 것이 관건이다.

충동과 유혹에 대한 태도를 두려움이나 체념이 아닌 흥미로 바꾸는 데 성공한다면 행동도 바꿀 수 있다. 자신의 습관을 객관적으로 살펴보자. 섣불리 충동과 싸우려 하다가는 실패에 한 걸음 더 다가갈 뿐이다. 있는 그대로의 충동을 받아들이고 관찰하는 법을 알면 참을 수 없을 것 같던 충동도 빠르게 사라지는 걸 경험하게 될 것이다.

• 자신이 어떤 일을 성공적으로 수행할 능력이 있다고 믿는 기대와 신념

충동은 금세 사라지기 마련이다

충동과 싸우면 질 수밖에 없다는 사실을 인식했다면, 자연스럽게 충동과 맞서는 과정에 좀 더 일찍 개입해야겠다는 생각이 들 것이다. 그래서 다른 곳으로 주의를 돌리거나 아예 충동에 대해 생각하지 않는 방법을 떠올릴 수도 있다.

그러나 시선 분산이나 합리화 역시 정반대의 결과를 불러온다. 이런 방법은 실제로 충동을 더 키우고 강하게 만들어 그에 굴복하지 않으면 절대로 사라지지 않을 거라는 환상을 심어 놓기도 한다. 충동과 싸우면서 다른 곳으로 집중을 흩뜨리려고 하면 둘 다 실패할 수밖에 없고 패배감을 느끼게 된다. 많은 사람이 이 단계에서 나쁜 습관을 절대로 고칠 수 없다는 생각에 굴복해 버린다.

충동이 들 때 다른 곳으로 시선을 분산시키는 행동은 자제력을 발휘하고자 할 때 나쁜 영향을 주지 않는 것처럼 보일 수도 있다. 많은 사람이 스스로 재활 시설을 세운 것처럼 주변을 환기하여 충동이 드는 상황을 줄이고 충동 자체를 억제할 수 있다고 생각한다. 하지만 불행하게도 실제로 그렇게 진행되는 경우는 거의 없다. 지난 수십 년 동안 이루어진 수많은 연구에 따르면 생각이나 감정, 느낌을 억제하려고 한다고 해도 그것들은 궁극적으로 더 강해질 뿐이었다.

이 현상은 친숙한 심리 게임을 통해 쉽게 설명할 수 있다. 게임의 규칙은 간단해서 누군가가 어떤 사물에 대해 말하면 그 사물에 대해 생각하지 않으면 된다. 누가 "뭘 하든 간에 하마에 대해 생각하지 마세요"라고 말했다고 해 보자. 그런 지시가 있었다고 해서 그 뒤로 하마에 대한 언급이 나올 때마다 하마를 전혀 생각하지 않기란 거의 불가능하다. 실제로 생각을 피하려고 애쓸수록 오히려 더 크게 잠식당하게 된다. 충동을 피하려고 하는 것도 마찬가지다.

시선을 다른 곳으로 돌리거나 충동과 싸우는 일이 전혀 효과가 없다는 말은 아니다. 가끔은 효과가 있기도 할 것이다. 하지만 충동과 전쟁을 벌여서는 편안하고 침착해지기는커녕 더 안달이 나고 짜증만 커진다. 아무리 노력해도 그 과정에서 스스로를 속이면서 좋은 기분이 들게 할 수 없다.

자제력을 연습하면 충동을 즐기기보다 지켜보는 불편함에 익숙해지게 된다. 충동을 자각하고 적으로 간주하는 편이 훨씬 쉬울 수 있지만 이런 마음가짐은 충동을 항상 제거해야 하는 대상으로 인식하게 되니 결과적으로 악순환에 빠지게 된다.

앞서 서술했듯 충동을 극복하는 가장 효과적인 방법은 충동 서핑이다. 준비가 되었다면 다음 순서대로 실행해 보자.

---

1 잠시 시간을 두고 몸의 어느 부분에서 충동이 일어나고 있는지 살핀다. 신나는 음악을 들을 때 발이나 고개를 까닥거리고 싶은 것처럼 대다수의 충동은 제대로 파악한다면 몸에서 느낄 수 있다.

2 충동이 가장 강하게 느껴지는 신체 부위를 찾았다면 그곳으로 신경을 집중한다. 거기서 느껴지는 감정을 살핀다.

3 1~2분 정도 호흡에 집중한다.

4 충동으로 느껴지는 감정이 파도라고 상상한다. 그 파도가 솟아올랐다가 내려가면서 충동도 커졌다가 사라지는 것을 지켜본다.

5 충동은 필연적으로 지나가는 것이니 일시적인 특성을 파악한다. 다시 충동이 솟아오른다면 더 자신 있게 그 파도에 올라타 사라지게 할 수 있을 것이다.

이 경험에서 중요한 부분은 욕망을 비롯해 생각하고 느끼는 모든 것이 일시적이라는 점을 자각하는 것이다. 그 점을 잊어버리면 갈망과 충동이 압도적으로 느껴질 수 있다. 하지만 인내하고 충동이 사라질 때까지 다룰 자신만 있다면 주의를 분산시키거나 충동과 싸우는 것보다 그 편이 훨씬 더 효과적이라는 점을 발견하게 될 것이다.

다이어트 중 처음 배가 고프다고 생각했을 때 꼭 뭘 먹어야만 한다고 생각할 수도 있다. 또 배가 고프면 짜증이 나기 쉬워 생산성을 높이기가 상당히 어려워진다. 하지만 단식을 해 본 사람이라면 허기가 다른 충동과 마찬가지로 일시적이라는 점을 안다. 가만히 있어서 심심하거나 쭉 앉아서 일할 때 허기를 느낀다는 점을 눈치챌 수도 있다. 배가 고픈 것 같긴 한데 자세히 살펴보면 공복이라거나 에너지를 내기 위해 칼로리가 필요해서 그런 것이 아니라는 점을 알게 된다. 배고픔을 그대로 받아들이고 반드시 무언가를 먹어야 한다는 징조로 여기지만 않는다면 허기도 금세 사라진다. 그렇다고 실신하지 않으니 안심해도 좋다.

자신의 충동에 흥미를 가지고 연구하면서 여러 가지 시도를 해 보자. 충동과 싸우거나 굴복하지 않는다면 충동 자체가 거대하게 느껴지지 않는다는 사실을 알게 될 것이다. 충동이 생겼다가 사라지는 것을 가만히 지켜보기만 해도 힘이 크게 줄어들어 나쁜 영향을 미치는 행동으로 이끌어 가지 못할 것이다.

의도적으로 불편한 상황과 마주하는 연습

1장에서 의지력은 근육과 같아 주어진 시간 내에 많이 쓰면 피로해진다고 설명했다. 그렇다면 운동을 통해 단련되는 근육처럼 의지력 역시 연습을 통해 키울 수 있을 것이다.

의지력을 가장 효과적으로 높이는 운동은 우선 편안함에서 벗어나는 것이다. 완벽하게 편하다고 느끼지 않는 일을 정기적으로 하도록 스스로를 몰아세워 불편한 감정에 친숙하게 만드는 것이다. 편안함에서 벗어나는 연습을 하면 두려워하던 것이 생각만큼 끔찍하지 않다는 점을 배울 수 있다. 매번 조금씩 그 교훈을 익히면 불편함에 대한 인내력과 의지력이 함께 성장한다.

굳이 일상생활에서 불편을 느낄 필요는 없지만, 그와 같은 감정에 익숙해지면 실제로 어려움에 처했을 때 도움이 된다. 스스로 불안하고 확신이 없는 상태를 만들어 그 감정들을 잘 제어할 수 있다고 자기 자신에게 보여줄 수도 있다.

지아 장Jia Jiang은 테드 강연TED Talk에서 편안함에서 벗어나 거절당하는 두려움과 사회적 불안감에 맞서는 연습을 한 개인적인 경험담을 털어놓아 인기 있는 연사가 되었다. 장은 자신감을 키우고 거절에 둔감해지고자 100일 동안 연속으로 감당할 수 있는 사소한 거절을 경험했다. 그는 모르는 사람에게 100달러를 빌려 달라고 하거나 햄버거도 리필이 되는지, 남의 집 마당에서 축구를 해도 되는지 등을 물으며 거절을 당했다. 100일이 지나자 장은 거절당하는 경험에 자신감이 붙었으며 타인에게 친절을 베푸는 사람들에게 감사하는 마음을 가지게 되었다.

거절이라는 두려움을 극복한 장의 이야기는 누구에게나 적용할 수 있다. 개인적인 두려움과 불편함은 스스로를 바꾸는 기회를 가져다준다. 뭐든 마음대로 해야 직성이 풀린다면 하루는 다른 사람이 시키는 대로만 해 보자. 지시받은 대로 하는 것이 편하다고 생각한다면 온종일 자기주장을 더 내세우고 의사결정을 더 많이 해 보자. 어느 쪽이 편하든 간에 그 반대로 해 보는 것이다.

감당할 수 있는 불편함과 불확실함을 삶 속에 가져오는 건 어렵지 않다. 한 번도 들어 본 적이 없는 식재료가 들어간 음식을 식당에서 주문해 보자. 평소 하던 대로 따뜻한 물로 편안하게 샤워하는 대신 찬물을 틀어 호흡을 조절하며 마음이 편안해질 때까지 맞아 보는 것도 좋다. 되지 않을 거라고 생각하면서도 가격을 깎아 달라고 요구해 보자. 식당에서 자리에 앉은 다음 메뉴판을 받자마자 자리를 떠 보자. 분명 문까지 걸어가는 길이 엄청나게 길게 느껴질 것이다.

즉흥적으로 뭘 해 보거나 본래 성격에서 벗어나는 행동을 하는 것도 불편함이 그렇게 나쁜 것이 아니라는 점을 알 수 있는 좋은 방법이다. 부끄럽고 어색해서 춤추는 것을 좋아하지 않는다면 댄스 수업을 들어 보자. 그곳에서 벌어질 수 있는 최악의 상황이라 해 봤자 초급반에 있는 다른 사람 몇 명에게 형편없는 몸치라는 점을 들키게 되는 것뿐이고 당연히 아무도 신경을 쓰지 않을 것이다. 오히려 그래도 해 보겠다는 의지가 다른 사람에게 호감을 살 수도 있으니 창피를 당하고 왕따가 될까 봐 두려워했던 것과는 정반대의 상황이 벌어질 수도 있다.

모두가 각기 다른 두려움, 불안, 불편함을 가지고 있다. 그러나 대부분이 이런 것들을 피해 살아오면서 자신의 잠재력을 제약해 왔다. 인생의 긍정적인 측면을 극대화하고 싶다면, 두려움에 맞서 일부러 불편한 쪽을 선택해 보자. 자제력을 단련하는 것은 선천적으로 불편한 것이므로 불편한 것과의 관계를 개선해 나가는 것이 최선의 방법이다. 이 연습으로 의지력도 커질 수 있으므로 좋지 않은 습관이나 중독에서 벗어날 수 있다. 충동과 싸우고 싶은 생각이 들 때는 그 유혹을 이기는 정신력이 발동하여 파도처럼 충동을 흘려보낼 수 있다. 두려움이 주의를 분산시켜 충동을 모두 피하게 한다면, 가끔은 두려움 자체도 긍정적인 변화를 위한 기회가 될 수 있다.

불편과 어려움이 현재의 우리 모습을 만든 셈이다. 더 나은 자신이 되기 위해 자제력을 단련하고 싶다면, 망설이지 말고 지금 바로 불편함과 친숙해져 보자.

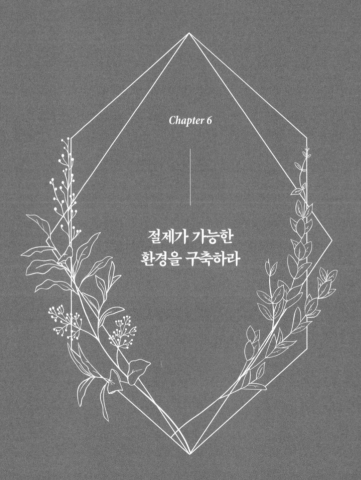

Chapter 6

절제가 가능한
환경을 구축하라

강한 정신력과 의지력 외에 자제력을 더 효과적으로 발휘할 수 있게 해 주는 요인이 있다. 바로 환경적 요인이다. 지금 어떤 환경에 처해 있는지에 따라 자제력이 더 강해지거나 약화될 수 있다.

삶을 가장 빠르게 향상시키려면 자제력 발휘에 도움이 되도록 자신이 처한 환경을 구상하고 유지하면 된다. 환경이 성공에 많은 영향을 미친다는 점을 알면 섣불리 위험한 행동을 할 수 없을 것이다. 의지력에 전혀 의존할 필요가 없는 환경을 만드는 것은 의지력을 키우는 것만큼 중요하다. 그러한 환경에서는 선택할 수 있는 유일한 선택지가 곧 이상적인 행동이며, 이는 좋은 결과로 이어진다. 경로를 이탈하게 방해하는 요인이나 유혹을 제거한다면 의지력을 아끼면서 목표를 이룰 수 있다. 이를테면 체중을 감량하기 위해 탄수화물을 먹지 않기로 결심한 이후 파스타로 유명한 이탈리아 레스토랑에 가지 않는 것처럼 말이다. 당연한 말이지만 아이스크림 공장 근처에 사는 것보다 헬스장 근처에 사는 것이 다이어트에 더 도움이 된다.

의지력을 시험하고 대폭 줄어들게 하는 상황은 되도록 피하는 것이 좋다. 이처럼 환경을 최적화하는 것만으로도 고비는 넘겼다고 볼 수 있다. 다만 환경 요인이 자제력에 좋은 영향을 끼치게 하는 방법 중에는 약간 모호한 것도 있다. 이 장에서는 그 부분을 중점적으로 살피고자 한다.

눈에서 멀어지면 마음에서도 멀어진다

자제력을 발휘해야 할 때, 의지력은 한정되어 있으니 고갈되기 전에 주변의 유혹과 충동에서 벗어나 시선을 분산시키고 잠시 휴식을 취하며 생기를 되찾는 것이 더 도움이 된다는 생각이 들 수도 있다.

스탠퍼드경영대학원 마케팅 교수인 바바 시브Baba Shiv 는 집중을 흩뜨리는 요인들이 우리에게 어떤 영향을 미치는지 알아보는 연구를 진행했다. 시브 교수는 실험 참가자를 두 집단으로 나눈 뒤, 한 집단에게 전화번호를 외우도록 지시했다. 그러고는 참가자 전원에게 초콜릿 케이크와 과일 중 하나를 선택하도록 했다. 그 결과, 전화번호를 외워야 했던 집단이 그렇지 않은 집단보다 케이크를 선택하는 비율이 50퍼센트나 더 높았다. 자제력을 발휘하기 전에 집중력을 다 써 버린 것이다.

끊임없이 다른 것으로 집중력이 분산된다면 의지력을 키울 기회조차 얻지 못한 채 유혹에 굴복해 버리는 것과 같다. 집중력을 흩뜨리는 요인이 몰래 자제력을 잠식해

버리기 때문이다. 이 과정은 수면 아래에서 진행되므로 노력이 수포로 돌아가기 전까지 자제력을 잃고 있다는 것조차 깨닫지 못한다.

잘 와닿지 않는다면 슈퍼마켓의 계산대 앞을 떠올리면 된다. 정신을 분산시키고 의지력을 약화시키는 전형적인 예시가 될 수 있다. 장을 보며 모든 구역에서 제대로 된 선택을 했어도, 계산대 앞에 놓인 사탕이며 초콜릿, 과자들이 마지막으로 유혹의 손길을 보낸다. 대개 이때가 자제력을 발휘하기에 가장 어려운 순간이다. 곧 문을 나설 테니 마음은 이미 붕 떴고 진열된 상품들은 비싸지도 않은 데다 바로 계산할 수도 있기 때문이다.

그렇다면 이제부터는 어떻게 하면 될까? 정신 사나운 환경에서 일하고 있다면 정리를 시작하자. 책상을 깨끗이 치우면 마음을 정리하는 데 도움이 되고, 마음이 정리되면 자제력을 더 잘 발휘할 수 있다.

'눈에서 멀어지면 마음에서도 멀어진다'는 말을 들어본 적이 있을 것이다. 미국의 코넬대학교 연구진은 이 개념을 자제력을 향상시키는 도구로 활용할 수 있다고 발표했는데, 이는 책상 정리 이상으로 효과가 좋다.

　실험 참가자들은 작은 초콜릿이 가득 든 투명한 유리병 또는 안이 보이지 않는 유리병을 받았다. 연구진은 병을 책상 바로 위나 참가자들의 자리에서 180센티미터 정도 떨어진 곳에 놓게 했다. 연구를 마친 결과, 책상 바로 위에 투명한 유리병을 놓아둔 참가자들은 하루에 초콜릿을 평균 7.7개, 같은 곳에 불투명 유리병을 놓아둔 참가자는 평균 4.6개를 먹었다. 약 180센티미터 떨어진 곳에 투명한 병을 놓아둔 참가자는 평균적으로 5.6개를, 불투명 유리병을 멀리 둔 참가자는 3.1개를 먹었다. 놀랍게도 참가자들은 병이 멀리 놓여 있을 때 초콜릿을 더 많이 먹은 것 같다고 보고했지만 사실은 그 반대였다. 이 불일치는 자제력을 향상시키려 할 때 집중력을 흩뜨리는 요인을 작업장에서 없애서, 귀찮음과 게으름을 장점으로 이용할 수 있다고 알려 준다.

　유혹을 즐기기 위해서 더 많은 노력이 필요할 때, 그러고 싶은 생각도 줄어든다. 게다가 알지도 못하는 사이에 아무 생각 없이 저질러 버리는 가장 비생산적인 함정도 제거할 수 있다.

쿠키가 들어 있는 통이 손 뻗으면 닿는 곳이나 눈앞에 바로 보이는 곳에 있다면 아무 생각 없이 손을 집어넣기가 매우 쉽다. 자제력을 사용하기에 적합한 환경을 구축하려면 이런 시나리오는 피해야 한다. 쿠키가 든 통을 눈앞에서 치우고 멀리 있는 캐비닛에 넣어 둔다면 어떨까? 쿠키 하나 먹는 데에도 더 많은 노력을 들여야 할 것이다. 그 차이가 결과에서도 큰 차이를 불러온다.

집중력을 흐트리는 요인과 유혹에서 벗어나고 싶다면 자신을 둘러싼 환경부터 점검해라. 환경이 최적화되어 있다면 부지불식간에 자제력이 약화되는 것을 원천봉쇄하고, 오히려 수월하게 자신을 단련할 수 있다. 책상, 작업 공간, 사무실, 앉은 자리에서 보이는 것들, 심지어 컴퓨터 모니터의 바탕화면에도 이 방법을 적용할 수 있다. 이곳들을 최대한 깨끗이 정리해 두면 집중력을 분산시키는 요인이 무엇이었는지 금세 잊어버릴 것이다. 자신을 다잡기 어렵다면 이렇게 계속 노력하는 것 말고는 다른 방법이 없다.

왜 해로운 일일수록 쉽게 중독될까

즐거움을 느낄 때마다 뇌에서는 도파민dopamine 이라는 호르몬이 분비된다. 도파민은 섹스, 마약, 로큰롤 처럼 인간이 즐기는 모든 것과 관련이 있다. 인간의 뇌는 도파민을 방출하는 행동을 좋아하여, 더 많은 도파민이 방출되는 일에 우선순위를 두기 마련이다.

운동이나 명상을 하고 설탕 섭취를 줄이는 것처럼 건강한 습관으로 도파민이 분출된다면 좋은 일이다. 그러나 첨단 기술과 SNS가 주를 이루는 요즘 세상에선 도파민 분비를 추구하는 것이 해로울 가능성이 더 크다. 사실 우리는 가공식품부터 인터넷 음란물에 이르기까지 모든 것에 노출되어 살고 있는데, 한번 중독되면 도파민 보상 체계로 이어지기 쉽다. 높은 도파민 수치의 위험성을 인지하지 못하거나 줄이려는 노력을 지속적으로 하지 않는다면 더 많은 도파민을 얻고자 하는 충동이 계속되어 집중력이 분산된다. 방금 SNS에 올린 글에 누가 '좋아요'를 눌렀는지 살피는 간단한 행동마저 금세 안달로 바뀌어 계속 들어가 확인하게 된다. 생각 없이 작은 쾌락을 추구하는 데 일상의 상당 부분을 소비하고 해야 할 일은 무시하고 만다. 은밀한 도파민 중독이 자제력과 생산성을 떨어지게 하는 것이다.

유명한 심리학자 버러스 프레더릭 스키너Burrhus Frederic Skinner가 처음 실시했던 일련의 유명한 행동심리 연구는 도파민이 좋거나 나쁜 습관을 형성하는 근본적인 요소라는 사실을 알려 준다. 스키너와 연구진은 실험쥐의 흥미로운 행동 현상을 관찰했는데, 도파민 수용체가 없는 쥐들은 습관을 형성하는 데 어려움을 겪었다. 반면 도파민 수용체를 곧바로 자극할 수 있는 레버를 장착한 쥐들은 음식, 물, 섹스, 새끼 돌보기와 같은 만사를 포기하고 한 시간 동안 레버를 수천 번이나 눌렀다. 연구진이 그냥 두었다면 그 쥐들은 죽을 때까지 레버를 눌렀을 것이다.

인간의 경우 도파민은 단순한 쾌락 이상일 때 방출되는데, 이는 쾌락을 갈망한 결과이기도 하다. 이후에 올 결과를 예측할 수 있어서 쉽게 지루해지면 제대로 된 보상을 받고자 하는 동기가 부여되어 더 강력한 도파민 반응을 유도하는 행동을 하게 된다. 도파민 방출의 힘은 도파민이 나오게 하는 행동을 반복하려는 욕망과 연관성이 있다. 헤로인과 같은 위험한 마약이 그 예다. 이런 약물은 도파민에 미치는 영향력이 상당히 강력하여 단 한 번 손댔지만 곧바로 중독되는 경우도 있다.

이런 현상이 현재 우리의 삶 속에서 어떻게 나타나고 있을까? SNS의 '좋아요', 댓글, 다이렉트 메시지뿐만 아니라 타임라인을 쳐다보는 것만으로도 살짝 도파민이 분비된다. 대부분의 SNS 플랫폼은 사용자가 그 플랫폼에 접속한 시간만큼 이익을 얻기 때문에, 도파민 반응을 최대한으로 끌어내 사용자를 더 오래, 자주 붙잡아 놓도록 최적화되었다.

일상생활 속의 이와 같은 전쟁이 도파민 체계와 관련이 있다는 사실을 인식하고, 그 영향력을 제한하여 도파민 분출 행위로부터 스스로를 보호할 수 있는 환경을 구축해야 한다.

이때 자신만의 뇌 보상 센터를 만들어 활용하는 것도 한 가지 방법이 될 수 있다. 시간을 허비하게 하는 사소한 도파민 방출 행위에서 벗어나, 건설적인 행동을 한 자신에게 보상을 주어 원하는 습관이 강화되도록 하는 것이다. 그러려면 분명 SNS를 제한하는 것도 포함해야 한다.

한 약물 중독 재활 센터에서는 어항처럼 생긴 피시 볼 fish bowl을 활용한 동명의 치료를 통해 환자들이 좋은 행동을 강화할 수 있도록 유도한다. 피시 볼은 일종의 제비뽑기 복권 게임인데, 치료를 잘 받고 프로그램을 완료하여 재발을 피한 환자는 피시 볼에 손을 넣어 뽑기를 한 장 꺼낸다. 어떤 사람은 100달러와 같은 큰 보상을 받을 수도 있고, 10달러나 1달러 등의 작은 보상을 받을 수도 있다. 대부분의 사람은 금전 보상 대신 '참 잘했어요! 계속 그렇게만 해 주세요!'와 같은 응원 글귀를 얻는다.

이 방식은 꽤 효과가 있는 것으로 드러났다. 연구에 따르면 피시 볼에 참여하지 않은 환자의 재활 프로그램 완수율은 20퍼센트에 그쳤으나, 참여한 환자는 83퍼센트가 완수할 수 있었다.

좋은 습관과 결정을 강화하기 위해 직접 피시 볼 게

임을 만들어도 괜찮다. 해야 하지만 즐겁지 않은 활동을 완수했을 때 스스로에게 줄 보상을 여러 가지 작성하여 무작위로 제비뽑기를 하는 것이다.

일상생활에서 도파민을 얻을 수 있는 수단을 전부 떠올려 최대한 좋은 쪽으로 활용하려고 노력해 보자. 운동은 해야 하는데 동기를 찾기 어렵다면 친구와 함께하는 일정을 잡는다. 친목 활동을 하는 보상을 운동과 결합하면 헬스장에 가길 기다리게 될 수 있다. 직장에서 간식을 먹고 싶다면 정해진 업무량을 완수했거나 중요한 일을 완전히 끝낸 뒤에 먹도록 시도해 보라. 작고 점진적인 보상을 활용해 좋은 습관을 강화해 나가면 어려운 행동을 실천하거나 자제력을 발휘할 때 좋은 성과를 얻을 수 있다.

눈앞의 선택지를 조작하라

자제력을 단련하기 위해 환경을 최적화하려면

선택의 기본값, 즉 자동으로 이루어지는 의사결정의 힘을 제대로 이해해야 한다.

유럽 11개국의 장기 기증자를 대상으로 한 연구 결과를 살펴보자. 처음부터 장기 기증에 자동으로 동의되어 있고, 장기 기증을 원하지 않으면 별도로 거부 의사를 밝혀야 하는 국가의 시민들은 95퍼센트 이상이 참여율을 보였다. 그러나 장기를 기증하려면 소정의 절차를 거쳐 신청하게 되어 있는 국가에서는 최대 참여율이 27퍼센트를 넘지 않았다. 사람들은 노력을 최대한 들이지 않는 선택을 고수한 것이다. 이 연구는 장기를 기증하고 싶다는 생각이나 사람들의 실제 의도에 대해서는 따로 언급하지 않았다.

사람은 게으르기에 눈앞에 있는 것을 행복하게 받아들인다. 수많은 실험과 관찰 연구들이 인간은 기본값을 고르는 경향이 높다는 것을 입증하였으며 이것을 디폴트 효과default effect라고 부른다. 의사결정을 하는 데 에너지가 필요하기에 우리는 종종 에너지를 보존하고 결단을 피하기 위해 기본값을 선택한다. 특히 결정을 내리는 대상에 대해 잘 알지 못할 때 더욱 그렇다. 기본값을 선택한다는 건 의사결정권자가 아무런 행동도 하지 않거나 최소한의 노력을 들인 결과다. 다른 맥락에서 보자면 기본값에는 사회적 규범에 걸맞거나 장려되는 것들이 포함되어 있다.

자제력의 단련에도 기본값의 개념을 적용할 수 있다. 좀 더 이상적인 결과를 위해 유리한 일을 선택하는 건 쉽게 만들고, 좋지 않은 일을 선택하는 건 최대한 까다롭게 만드는 것이다. 어떤 행동을 온전히 자신의 선택으로 했다고 믿고 있겠지만 실제로는 그렇지 않다. 오히려 행동의 상당수는 처한 환경에 반응한 것뿐이다.

의지력을 거의 사용하지 않고 자제력을 높일 수 있게 해 주는 디폴트 효과를 활용한 방법은 수도 없이 많다. SNS에 계속 마음이 쓰인다면 그 애플리케이션 아이콘을 스마트폰의 뒤쪽으로 옮겨 첫 화면에 노출되지 않도록 한다. SNS에 접속했더라도 바로 로그아웃을 하여 다시 접속하기 번거롭게 하거나 아예 애플리케이션을 삭제한다면 정말로 필요할 때만 스마트폰을 쓰게 될 것이다.

일을 하는 와중에 아무 생각 없이 전화기를 집어 드는 습관이 있다면 휴대전화 화면을 아래로 해서 놓거나 자리에서 일어나야만 손이 닿을 수 있는 거리에 두는 것부터 시작해 보자. 반대로 바이올린 연습을 더 많이 하고 싶다면 책상 위에 악보를 펼쳐 두자. 치실을 더 많이 쓰고 싶다면 가방 속, 화장실, 스탠드 위, 소파 등 눈에 띄는 곳곳에 놓아 두자.

감자 칩과 쿠키를 식탁 위에 계속 놔두면 주방에 들어갈 때마다 배가 고프지 않아도 그것들을 먹게 되는 기본값이 형성된다. 눈앞에서 치우거나 아예 구입하지 않는 대신 과일을 놓아 두면 과일을 먹게 될 가능성이 커져 좋지 않은 간식을 피할 수 있다.

운동을 더 많이 하고 싶다면 화장실 문에 철봉을 달아 본다. 종합 비타민을 잊지 않고 섭취하고 싶다면 비타민이 든 통을 칫솔 바로 옆에 놓아 두어 양치질을 할 때마다 눈에 띄게 한다.

냉장고에 설탕이 가득 든 탄산음료와 주스가 계속 들어 있다면 목이 말라 냉장고를 열 때마다 마시는 선택을 하게 된다. 하지만 이런 선택의 여지가 없다면 어쩔 수 없이 물이나 차를 마실 확률이 높아진다.

직장에서 온종일 책상 앞에 앉아 있느라 허리에 문제가 있다면 자주 일어나 걷는 것이 좋다. 물을 계속 마시도록 기본값으로 정해 놓으면 화장실을 가기 위해서라도 더 자주 일어나게 된다. 아니면 스마트폰에 알람을 맞춰 두고 손이 닿지 않는 곳에 두자. 알람을 끄기 위해 한 번은 꼭 일어나야 할 것이다.

앞에 나열한 방법들의 핵심은 환경을 최적화하여 의지력을 발휘하지 않고도 유익한 행동을 하게 하는 것이다. 어수선하고 산만한 요인은 줄이고 디폴트 효과에 기반을 둔 기본값을 최적화하면 이상적인 환경을 구축할 수 있다.

환경에서 오는 주의 분산 요인을 줄이면 마음을 정리할 수 있고 더욱 집중할 수 있게 되는 건 물론, 효율성과 생산성이 높아진다. 게다가 좋은 습관을 향상시키고 아무 생각 없이 작은 쾌락을 추구하려는 행동을 차단하여 도파민 보상 체계를 자신에게 득이 되는 쪽으로 활용할 수 있다. 최소한의 노력으로 원하는 선택을 하고 그로 인한 이득을 얻을 수도 있다.

이 모든 것을 실질적으로 자제력을 사용하지 않고서도 실행할 수 있기에 더 큰 일상의 문제를 위해 자제력을 남겨 둘 수 있다. 환경을 바꾸고 미리 계획을 세울 수만 있다면 필요 없는 곳에 힘을 낭비할 이유가 없다.

환경을 최적화하는 것만으로도
자제력을 더 쉽게 발휘할 수 있다.

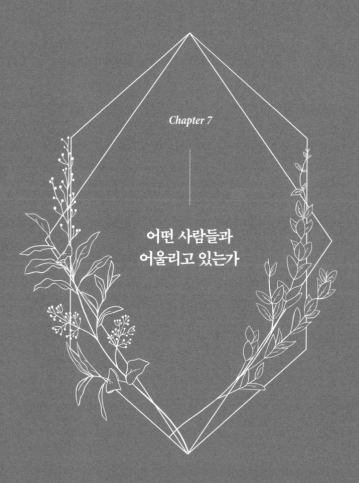

Chapter 7

어떤 사람들과
어울리고 있는가

많은 사람이 자신의 의지만으로 인생의 선택을 하며 살아왔다고 생각한다. 대부분 사회적 통념과 자신의 특별한 경험이나 주관에 근거해 의사결정을 했다고 여길 것이다.

안타깝지만 사실은 스스로 결정을 내린 것이 아니라 주변 사람들의 영향을 많이 받았다는 연구 결과가 상당수 나와 있다. 앞서 서술했듯이, 어떤 선택을 하거나 자제력을 발휘할 때 정작 자기 자신의 영향력은 별로 크지 않은 것이다. '사회적 기대치'라고 부르는 동료 집단의 압박 때문일 수도 있고, 단순히 집단에 순응하려는 욕망에서 그랬을 수도 있다. 이유야 어찌 되었든 우리가 사회적으로 맺고 있는 관계가 모든 행동의 토대가 된다.

아시의 순응실험Asch conformity experiments으로 잘 알려진 다음 연구는 우리가 주변으로부터 얼마나 큰 영향을 받는지 설득력 있는 근거를 보여 준다. 이 연구에서 실험 참가자들은 아주 명백한 정답이 있는 시력 검사를 받았다. 연구진은 대여섯 명의 참가자 사이에 사전에 합의한 가짜 참가자들을 심어 일부러 완전히 틀린 답을 말하게 했다. 그룹의 결과를 살피니 '실제' 참가자의 3분의 1 이상이 가짜 참가자들과 마찬가지로 틀린 답을 선택했다. 그들은 자신이 가진 상식과 관점을 무시하고 타인의 의견에 따른 것이다.

■ 아시의 순응실험에서 참가자들은 왼쪽 그래프와 같은 길이의 막대를 골라야 했다.

그림을 보면 알 수 있듯이 왼쪽 직선은 오른쪽의 직선 C와 길이가 같다. 다른 사람의 의견에 따라야겠다는 압박감을 제외하면 마음을 바꿀 이유가 전혀 없다. 사람들은 너무도 당연해 보이는 것에서 타인과 의견이 같지 않을 때, 대개 의구심을 품고 '내가 놓치고 있는 것이 뭘까?'라고 생각하게 된다. 자신만 바보가 되거나 소외당하는 것처럼 느끼고 싶지 않아서 눈앞에 떡하니 분명한 증거가 보이는데도 타인의 의견에 따르는 것이다.

54년간 실험자를 추적 조사한 프레이밍햄 심장 연구Framingham Heart Study 역시 장기적으로 같은 결론을 보여준다. 실험 참가자 중 비만 친구를 둔 사람이 비만해질 확률은 171퍼센트 증가했다. 비만인 자매를 둔 여성은 비만이 될 위험이 67퍼센트 더 높았으며, 비만인 형제를 둔 남성도 비만이 될 위험이 45퍼센트 더 높았다. 유전적인 요인을 논외로 할 때, 사람들은 주변 사람과 습관이며 행동 유형이 비슷해질 확률이 높다는 것을 알 수 있다. 다시 말해 특정 행동을 용인하고 서로 받아들이는 한편, 특정 행동은 배제하는 생태계가 형성되는 것이다. 즉,

의도적이든 아니든, 주변에 있는 사람들이 자제력 발휘와 의사결정에 큰 영향을 미친다는 말이다. 그저 주변에 보이는 것을 따라 하면서도 자신은 자유 의지로 행동한다고 많은 사람이 굳게 믿고 있다는 사실이 놀라울 뿐이다.

약점을 보완해 줄 사람을 곁에 둬라

가족이 아닌 이상 여가를 함께 보낼 사람은 확실히 자신이 선택할 수 있다. 물론 가족으로부터 좋지 않은 영향을 받고 있었다는 사실을 깨닫게 되었다면 가족과 함께 보내는 시간도 조절해야 하지만 말이다. 어쨌든 친구는 아주 현명하고 신중하게 골라야 한다. 가까이 있는 사람이 의사결정에 영향을 미치니, 긍정적인 방향으로 이끌어 주는 지렛대 역할을 해 줄 사람이어야 한다.

어머니를 생각할 때와 자기 자신을 생각할 때, 뇌의 같은 영역이 작용한다는 것이 뇌 스캔을 통해 입증되었다. 인간의 뇌는 자신을 볼 때와 같은 방식으로 타인을 보는 듯하다. 적어도 가까운 친척이나 친구의 경우에는 그렇다. 이를테면 왜 행동이 그토록 전염성이 강한지 분명하게 알 수 있다. 다른 사람이 무언가를 할 때 우리는 자연스럽게 그 행동에 관여하고 있다고 느끼고 따라 하고 싶다는 충동이 생긴다. 우리가 하는 행동이나 생각, 정체성은 필연적으로 모두 타인의 영향을 받은 결과다. 긍정적인 영향이면 좋은 소식이지만 그 반대라면 나쁜 소식이다.

많은 경우, 사회적 압력이 사람들의 행동을 이끈다. 또래 집단의 압박으로 청소년들이 멍청한 일을 저지르는 걸 본 적이 있을 것이다. 물론 긍정적인 영향도 분명히 있다. 스포츠 팀과 같은 단체는 자신이 속한 조직에 충성심을 느끼고 그들을 실망시키지 않고자 최대한의 노력을 기울인다. 사람, 국가 또는 원칙에 대해 가지는 깊은 마음이 자제력을 발휘할 때 강력한 근원이 될 수 있다.

가장 오랫동안 함께 시간을 보내는 다섯 사람의 평균값이 곧 자신의 모습이라는 말을 들어 본 적이 있을 것이다. 앞서 서술했듯 뇌는 가까이 지내는 사람을 자기 자신과 동일 인물로 취급한다. 따라서 논리적으로 보면 행동이나 습관을 결정하는 데 '진짜 자신'의 주관은 6분의 1밖에 작용하지 않는다는 결론을 내릴 수 있다. 그렇다면 일상에서 행동을 개선하는 데 이 사실을 어떻게 활용할 수 있을까?

꼭 자제력을 단련하기 위해서가 아니어도 자신을 깎아내려야 하는 관계나 떠받들어 주어야 하는 상대 대신, 본받을 수 있고 존경하는 사람으로 인간관계를 구성해라. 만약 어떤 모임에서 자신이 가장 큰 성취를 이룬 인물이거나 최고로 성공한 사람이라면 그 모임을 떠날 때가 된 것이다.

어떤 치명적인 약점을 가졌든 그것을 보완해 줄 사람을 분명히 찾을 수 있다. 또한 대체로 긍정적이고 앞날을 지지해 주는 사람과 친구를 맺어야 한다. 그러면 무슨 일이 있어도 그들이 인생에 좋은 영향을 가져다줄 것이다.

실망시키고 싶지 않은 사람이 있는가

주변을 더 나은 인간관계로 구축하는 것과 별도로, 자신의 모든 것을 보고할 수 있는 한 사람에게 집중할 수도 있다. 그 사람이 계속 책임감을 갖고 꾸준히 목표에 도달할 수 있게 도와줄 것이다.

피츠버그대학교에서 진행한 한 연구에서는 체중 감소를 원하는 참가자들에게 살을 빼야 하는 친구나 가족을 함께 데리고 와서 프로그램에 참가하게 했다. 연구진은 그들을 '과제 지지' 그룹으로 지정하고, 같은 그룹의 파트너끼리 서로 격려하고 칭찬하도록 했다. 음식을 잘 조절하고 스케줄에 맞추어 운동을 해내면 서로 축하했다. 이것이 '책임 파트너accountability partners'로 알려진 개념이다. 대조 그룹에는 이와 같은 과제를 부여하지 않았다. 프로그램이 끝나고 열 달 뒤 파트너에게 지지와 격려를 해 주었던 66퍼센트의 참가자들이 감량한 체중을 유지했다. 그에 비해 대조 그룹에서는 24퍼센트만이 체중을 유지할 수 있었다. 옆에서 도와주는 존재가 있으면 정신적으로도, 감정적으로도 탄력을 받을 수 있었다.

한 개인에게 책임 파트너가 있으면 두 사람 다 도전적인 목표를 달성하는 데 큰 도움이 된다. 동료를 실망시키고 싶지 않다는 사회적 압박과 주변 사람을 모방하는 뇌의 행동 등 영향을 미치는 요소들이 복합적으로 작용한 결과다. 서로 지속적으로 격려, 축하, 칭찬과 같은 긍정적인 지지를 주고받는 것이 중요하다. 칭찬을 받기 위해서라도 꾸준히 노력할 것이기 때문이다. 여러 사람을 실망시킬 가능성이 있다는 것을 안다면 더욱 시간과 노력을 투자할 것이다.

신체적인 도전 중에서 가장 힘든 축에 속하는 마라톤에 도전하기로 했다고 생각해 보자. 매일 일찍 일어나 달린 다음 기록을 해야겠다고 생각했지만 막상 새벽이 되면 알람을 끄고 돌아누워 '오늘은 쉬고 내일은 꼭 운동하러 가야지' 하고 스스로를 달래기란 얼마나 쉬운가. 그런데 운동장에서 친구가 기다리고 있다면 정말로 그냥 기다리도록 놔둘 수 있을까? 친구도 그 새벽에 침대에서 일어날 수 있었던 이유는 당신과 함께 그 자리에서 달리기를 연습하겠다는 기대 때문이었을 텐데도?

함께라면 더 많은 것을 이룰 수 있다. 그 친구가 날마다 달리기를 함께하지 않더라도 당신이 매일 아침 어떻게 달리기 연습을 하고 있는지 점검하고 있을 수도 있다. 어떤 형태든 간에 그 친구가 꾸준히 할 수 있는 또 다른 보호 장치가 되어 줄 것이다.

책임 파트너가 되면 함께하고자 하는 일에 대해 꾸준히 소통하고 상대를 실망시키지 않겠다는 마음이 반드시 필요하다. 단순히 주변 사람들에게 목표를 말하는 것이 책임 파트너를 둔 것과 같다고 할 수 있을까? 공개적으로 새해 소망을 말하는 것처럼, 계획을 계속 지켜 나가도록 사람들이 사회적 압박을 제공해 줄 거라고 생각할 수도 있겠다. 하지만 실제로 사람들에게 자신의 목표를 밝히면 오히려 달성할 가능성이 줄어든다.

10킬로그램을 빼겠다거나 다가오는 마라톤에 나갈 거라고 공언하면 보통은 사람들에게 칭찬과 격려를 듣게 된다. "잘 해 봐!" 하지만 그것만으로도 벌써 무언가 성취한 것 같은 생각이 들어 책임을 다한 것 같은 착각에 빠진다. 의지력과 자제력이 감소하는 역효과가 나타나고, 목표에 대한 주도력을 잃어 성취할 가능성이 줄어든다. 사람들에게 자신의 목표를 인식시키는 행위만으로도 뇌가 기분이 좋아지는 보상 호르몬을 분비하기 때문이다.

뉴욕대학교의 피터 골비처Peter Gollwitzer 교수는 목표가 행동에 미치는 영향을 중점적으로 연구했다. 골비처는 63명의 실험 참가자를 대상으로 연구한 끝에 목표를 혼자서만 알고 있던 사람이 주변에 알린 사람보다 성취할 확률이 더 높다는 점을 발견했다. 그는 목표를 다른 사람에게 말하면 '성급한 성취감'을 느끼게 된다고 지적했다. 이 작용은 머릿속에서 자기 이미지를 그리는 상징 식별identity symbols을 토대로 일어난다. 상징은 이야기나 행동을 통해 생성된다. 목표를 이야기하는 행위가 그것을 성취하는 데 필요한 행동과 비슷한 상징으로 여겨지기 때문에, 두뇌는 추가 상징을 추구하는 행위를 도외시하게 된다.

관련 연구에 따르면 목표에 하위 요소가 있을 때 그

중 하나만 성취하면 상위 목표를 얻고자 하는 노력이 줄어든다고 한다. 예를 들어, 건강을 증진하려고 음식을 조절해서 먹고 더 자주 운동하기로 결심했다고 하자. 이때 건강한 식습관을 들이는 데 성공했다면 운동을 하려는 동기가 줄어든다. 점심에 샐러드를 먹었으니 오늘 저녁엔 운동하러 안 가도 된다고 합리화하는 것이다. 건강해지고자 하는 목표의 하위 요소인 건전한 식습관이 뇌에 원하는 상징을 가져다준 결과다.

이게 다 무슨 뜻일까? 주변 사람들에게 목표를 말하고 싶은 마음이 간절하겠지만 속으로만 간직하는 편이 낫다는 말이다. 하지만 목표에 다가가는 과정에서는 다른 사람을 행동에 개입시켜야 한다. 누군가에게 목표를 말할 때는 미리 칭찬하지 말라는 부탁도 한마디 덧붙이자. 오히려 그 반대여야 한다. 현재 상태에 만족하지 못하고 있다고 말하고 목표를 향한 여정에서 벗어나는 듯할 때 엉덩이를 걷어차 달라고 부탁하자.

책임 파트너에게 말하면 더 큰 도움이 된다. 책임 파트너와의 관계에서는 무언가를 이룩하지 않는 한 축하나 칭찬을 받을 수 없다. 그리고 파트너를 실망시키지 않도록 계속 해 나가야 한다는 사회적 압박이 동기를 부여해 줄 것이다. 알람 소리에 눈을 떠 침대 밖으로 나가 24킬로미터를 달릴지 고심하는 중이라고 다시 상상해 보자. 몇 주 전 누군가에게 목표에 대해 이야기했다는 사실과 당신을 기다리며 추위에 떨고 있을 친구 중 어느 쪽이 더 큰 자극요인이 될까?

누군가 지켜보고 있다고 생각하라

누군가가 자신을 지켜본다는 기분을 느낄 때 행동에 변화가 일어난다는 연구 결과가 있다. 1930년대에 호손 웍스 전자 회사 Hawthorne Works Electric Company는 생산성을 높이는 요인을 파악하고자 조사를 실시했다. 회사는 조명을 환하게 밝혔을 때 생산량이 증가한다는 데 주목했다. 그러나 생산 라인에서 조명 밝기를 줄여도 생산량에는 변동이 없었다. 회사 측은 당황했다.

20년 뒤 헨리 랜즈버거Henry Landsberger가 데이터를 분석해 호손 효과The Hawthorn Effect를 공표했다. 조명은 전혀 관계가 없었다. 실제로 작업자들의 행동에 영향을 미치는 요인은 자신들의 행동이 관찰되고 있다는 자각이었다. 작업자들은 조명이 자꾸 조절되자 자신들이 감시받고 있다는 것을 알아차리고 더 열심히 일한 것이었다.

우리 역시 자신의 행동을 감시함으로써 이 효과를 이용할 수 있다. 스마트폰에서 쉽게 사용할 수 있는 모바일 활동 애플리케이션을 이용한다면 달리기, 주행 거리, 보행수뿐만 아니라 친구들이 볼 수 있도록 결과를 공유할 수도 있다. 마치 가상의 달리기 파트너를 가진 것과 같다. 해야 하는 일을 제대로 하고 있는지 감시당하고 있으니 기대를 저버리지 않으려고 노력할 것이다.

살을 빼려고 탄수화물을 줄이기로 했다고 가정하자. 우선 친구와 직장 동료들에게 피자와 베이글, 탄산음료를 끊겠다고 알린다. 그들 리스트를 모두 이메일 수신인에 넣어 두고 하루 동안 섭취한 칼로리와 운동량 차트를 링크로 보낸다. 주위 사람들이 보고 있다는 것을 인식하는 것만으로도 자제력을 꾸준히 발휘해 나갈 강력한 동기가 생길 것이다.

누가 보고 있는데 대놓고 코를 후빌 수 있을까? 아니, 그러기 어려울 것이다. 가능한 모든 방법을 동원해 자신을 감시하는 것은 자제력에만 의존하는 것이 아니라 사회적인 압박과 부끄러움까지 고려하게 한다.

사람들이 계속 동기를 부여해 줄 수 있게 하고, 자신이 감시받고 있다는 점을 인식하면 목표를 향한 길에서 벗어나는 일은 없을 것이다. 책임지고 해 나가는 모습을 보여 줄 자신이 있으면 사람들에게 알려라. 그리고 단순히 목표를 정한 것만으로 축하받는 일은 없도록 하자.

본받고 싶은 롤 모델이 필요하다

주변 사람들로부터 긍정적인 영향을 얻는 마지막 비결은 롤 모델이나 멘토를 찾는 것이다. 존경하고 우러러볼 수 있는 것은 물론, 본받고 싶은 행동을 보이는 인물이 좋다. 이런 관계를 구축하는 것이 생각만큼 어렵지 않을 수도 있다. 누구나 자신이 롤 모델이라는 소리를 들으면 기분이 좋아져 대개 시간을 내줄 것이다. 또는 공식적으로 동의를 구할 필요가 없을 수도 있다. 꾸준하게 우러러볼 누군가가 있는 한 그 사람처럼 되기 위해 더 노력하고 싶다는 생각이 들 수 있다.

실재하는 롤 모델이 없다고 할지라도 목표를 달성한 이상적인 모습을 상상해 본다면 자신이 추구하는 바를 분명하게 알 수 있어 도움이 된다. 또 현재 처한 상황에서 '롤 모델이라면 어떻게 했을까?' 하고 자문하는 것만으로도 다른 해결책을 시각화하는 데 도움이 된다. 본받을 만한 대상은 어린 애들에게나 필요하다고 생각할 수도 있지만 나이와는 아무런 상관이 없다. 어른에게도 롤 모델이 필요하다.

일상의 매 순간에서 우리는 새로운 도전을 겪으며 살아간다. 그 상황에서 제대로 문제를 겪었던 사람에게 배우는 일은 말로 설명할 수 없을 정도로 가치가 크다. 혼자서 우왕좌왕하며 고생하는 대신 누군가가 옆에서 자신이 가진 고유한 관점에 따라 상황에 맞는 조언을 줄 수 있다면 가장 효과적으로 문제를 해결할 수 있을 것이다.

멘토에게 성공과 실패 경험, 꾸준히 자제력을 발휘할 수 있었던 비결, 문제를 해결하는 방법을 들을 수만 있다면 지금 자신이 갖고 있는 것과 완전히 다른 관점을 얻을 수 있다. 어려운 상황을 해결하는 데 한 가지 이상의 방법이 있다는 걸 깨달을 수도 있다. 어쩌면 주저하고 패배하게 된 이유도 알아차리게 될 것이다.

가장 좋은 롤 모델은 거울처럼 작용한다. 특정 상황에 그 사람이 어떻게 행동했는지를 비교해 보면서 자신을 더 알 수 있기 때문이다. 롤 모델이 성공하게 된 특성과 행동은 당신에게도 효과가 있을 것이다. 그 사람의 헌신, 자제력, 자신감, 열정, 용기, 긍정적인 마음가짐을 그대로 따라 해 보자. 자질과 습관은 배울 수 있는 것이니 자신을 한층 더 강하고 자제력에 능한 사람으로 발전시킬 수 있다.

인생을 어떻게 영위할 것인지는 각자의 선택에 달렸다. 하지만 목표를 이루고자 할 때 주위에 지지해 주는 사람, 함께 도전해 나가는 사람, 본받고 싶은 롤 모델을 전략적으로 배치하면 분명한 혜택이 생긴다. 그들을 자신만의 감시단이라고 생각해도 무방하다. 모든 일을 남이 도와줄 수는 없지만 어려움에 직면했을 때 도움이 되는 의견이나 주관을 적어도 하나는 얻을 수 있을 것이다.

The Science of Self Discipline

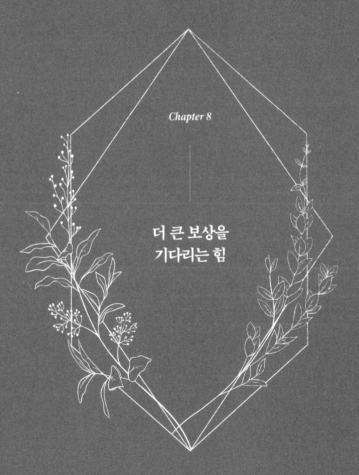

The Science of
Self-Discipline

Chapter 8

더 큰 보상을
기다리는 힘

자제력을 잘 활용할 수 있으려면 단기간의 쾌락 대신 장기적인 혜택을 선택해야 한다. 즉각적인 쾌락을 제한하는 대신 미래에 더 큰 즐거움을 얻는 것이다. 앞서 등장한 것처럼 다른 말로 '만족지연'이라고도 할 수 있다. 어려움에 맞서고 평상시 같으면 피하고 싶었을 불쾌한 감정을 감수하는 것이 종종 만족지연에서 중요한 측면이 된다.

사실 만족지연과 자제력은 작동하는 방식이 같다. 나중에 얻을 특정한 결과를 위해 지금 힘든 쪽을 택하려면 강한 정신력, 한계를 극복하려는 의지는 물론, 할 수 있다는 생각말고도 더 많은 직접적인 행동이 필요하다. 만족지연과 자제력은 함께 움직이니 이 두 가지는 별개로 생각할 수 없다.

이 장에서는 만족지연을 하기 위해 자신의 미래를 의식적으로 떠올리는 방법을 살펴보자.

만족지연은 성공에 꼭 필요한 삶의 기술

만족지연은 단순한 행동 이상의 기술이다. 1장에서 언급했던 스탠퍼드 마시멜로 실험을 통해 가장 잘 드러났다. 이 실험은 유명하고 파급력이 상당했기에 '마시멜로 연구'라고만 말해도 대부분의 사람이 연구의 내용을 알고 있을 것이다.

1960년대 심리학자 월터 미셸Walter Mischel이 처음으로 연구를 시작했지만 이 연구를 중요한 반열에 올린 것은 이후 40년간 실험 참가자들을 지속적으로 조사하여 얻은 결과물이다.

초기 실험은 간단했다. 연구진은 실험에 참가한 아이들에게 마시멜로를 하나 주었다. 아이들은 그 자리에서 마시멜로를 먹거나 아니면 잠시 기다렸다가 인내한 보상으로 마시멜로를 하나 더 얻을 수 있었다. 연구진은 아이들이 심사숙고해서 결정을 내릴 수 있도록 약 15분간 자리를 비워 주었다. 마시멜로를 하나 더 얻고자 만족지연을 선택하고 기다린 쪽은 이후 학교 성적도 좋았고, 교우 관계도 원만했다. 다시 말해, 만족지연 능력과 높은 성과 사이에는 유의미한 상관관계가 있다는 뜻이다.

미셸 박사와 연구진은 미취학 아동에서 성인기에 이르기까지 참가자들의 성장 과정을 지켜보며 일상에서의 일반적인 성과, 그들이 겪은 성공과 실패에 대한 정보를 면밀히 수집했다. 마시멜로 실험에서 만족지연을 실행했던 참가자들은 집중력도 더 높았고 더 좋은 시험 성적을 받으며, 약물을 남용할 확률과 비만이 될 확률이 낮았다. 스트레스도 건전하게 관리해 나가고 있었다. 그 외 여러 수치에서도 만족지연을 하지 못한 참가자들보다 성취도가 높은 것으로 나타났다.

실험에 참가한 아이들의 부모는 실험에서 자녀가 어떤 선택을 했는지 알지 못했다. 그런데도 만족지연을 선택하지 않은 아이들의 부모보다 만족지연을 선택한 아이들의 부모들이 사회적으로 유능했다는 점 역시 흥미롭다. 참을성 있게 추가 보상을 기다리기로 선택한 아이들은 40년이 넘는 세월 동안 어떤 분야를 측정하든 기다리지 않은 아이들보다 계속해서 더 좋은 성과를 보였다.

스탠퍼드 마시멜로 실험과 이어진 데이터 수집 결과는 만족지연 능력이 성공에 꼭 필요한 삶의 기술이라는 점을 입증해 주었다. 높은 성취를 이룩할 토대가 되는 기술 중 하나인 것이다. 어떤 목표나 목적을 달성할 때까지 축하 행사나 보상을 의도적으로 지연할 줄 알아야 한다. 물론 그 과정에서 어려움을 겪을 때 타성을 극복하고 긍정적으로 가속도를 낼 수 있도록 쉬운 것부터 하고자 하는 생각이 드는 것은 당연하다. 그러나 어려운 일을 먼저 선택하면 그 일을 완수하고 목표를 계속 추구해 나갈 수 있으니, 결론적으로 자신에게 더 큰 보상으로 돌아오게 된다.

　일상에서 만족지연으로 이룬 성과에 대해 생각해 보자. 제일 좋아하는 텔레비전 드라마의 최신 에피소드를 숙제를 다 하고 나서 보기로 정했다고 하자. 드라마를 보기 위해 짧은 시간 동안 더 집중하여 효과적으로 숙제를 할 테니 학습 능력이 향상되고 점수도 더 잘 받을 수 있다. 숙제를 금방 끝낸 다음에는 스트레스를 받지 않고 드라마를 얼마든지 즐길 수 있다.

　운동을 할 때 어려운 세트를 정해 놓은 횟수보다 몇 번 더 한 뒤에 끝내면 강인한 힘과 정신력을 키우는 데 도움이 된다. 탄탄한 몸을 만들고자 힘든 달리기를 하는 동안 만족지연 능력을 발휘하면 포기하고 싶은 마음을 어느 정도까지 이길 수 있다. 헬스장을 나서면서 인스턴트 음식으로 끼니를 때우고 싶은 마음도 만족지연 능력으로 집에 가서 영양식을 준비해야겠다는 생각으로 대체할 수 있다.

　일상에서의 보상은 즉각적이지 못하고 실체도 없다. 의대에 진학한 뒤 30대 중반이 되어서야 마침내 그 보상을 받거나, 집을 사기 위해 돈을 모아야 해서 새 차 대신 중고차를 사는 경우 등은 더 길고 큰 규모로 만족을 지연하는 행위다. 하지만 이런 선택도 자제력을 연습하는 동일한 과정임은 변함이 없다.

만족지연을 잘 하면 자제력을 발휘해야 할 때 항상 더 나은 성과를 보일 수 있으며, 이는 어떤 분야나 기술에서 탁월한 성과를 거두기 위해 반드시 필요하다. 대부분의 사람이 중간에 번번이 포기하는 이유는 무엇을 위해 고생하는지 분명하게 알지 못하기 때문이다.

자신의 가치와 스스로 생각하기에 무엇이 중요한지를 알아 가는 것부터 시작해야 한다. 별로 중요하게 생각하지 않았던 것이 자극요인이 되었다는 앞 장의 내용을 떠올려 보자. 영향력이 큰 유명인사에게 영감을 얻거나 순전히 돈에서 자극을 받을 수도 있다. 중요한 것은 자신이 어느 쪽인지 파악하고 단기적·장기적으로 포기해야 할 것이 무엇인지 염두에 두어야 한다는 것이다. 또한 그 약속을 지켰을 때 얻게 되는 보상도 생각해야 한다.

긍정적인 행동을 더 오래 유지할수록 쉽고 자연스럽

게 만족지연을 실행할 수 있다. 디저트를 먼저 먹는 버릇이 있다면 샐러드를 먼저 먹는 방식이 충격적으로 느껴질 수 있지만, 길게 본다면 충분히 그럴 가치가 있다.

10년 뒤 자신의 모습을 시각화할 수 있는가

자제력을 발휘하고자 하는 행동이 어렵다는 것은 곧 현재의 행복과 쾌락보다 미래의 안녕을 우선시하는 것이 힘들다는 뜻으로 해석된다. 많은 사람이 현재 상황을 미래의 자아와 연결하는 능력이 부족하여 이런 어려움을 겪는다. 실제로 연구를 통해 자신의 미래 모습을 선명하게 그리는 것만으로도 자제력을 발휘하는 데 긍정적인 영향이 생기는 것으로 나타났다.

할 어스너 허시필드Hal Ersner-Hershfield와 동료들로 구성된 스탠퍼드대학교 연구팀은 fMRI 장비를 활용해 자신의 미래 모습을 떠올렸을 때 뇌에서 벌어지는 현상을 조사했다. 연구진은 실험 참가자들에게 타인에 대해 설명하고, 더불어 현재 자신의 모습과 10년 뒤의 모습을 설명해보라고 했다. 그러자 10년 뒤 자신의 모습을 생각할 때는 타인에 대해 생각할 때와 동일한 신경 패턴이 작용되었다. 다시 말해, 수년 뒤 자신의 모습에 대해서는 주관적인 감정이 완전히 배제되어 있다는 뜻이다. 미래의 자아에 대해서는 그리 신경을 쓰지 않고 별다른 흥미도 보이지 않았다.

자제력을 유지하지 못하는 많은 행동을 설명할 때, 현재의 자아가 미래의 자아와 단절되어 있다는 점이 근거가 될 수 있다. 일례로 미래를 걱정하지 않는 사람은 은퇴 후를 대비해 충분히 저금을 해 두어야 한다고 생각하지 못한다. 좋지 못한 식습관이 질병 외에 여러 건강 문제를 일으킬 수 있다는 점을 충분히 알면서도 계속 그런 음식을 먹는다. 진실하지 못한 행동과 윤리적인 결정을 내리지 못하는 것도 같은 맥락에서 이해할 수 있다. 자신의 미래를 걱정하지 않는 사람에게는 이러한 개념들이 중요하게 여겨지지 않는다.

결국 미래의 자기 자신을 완벽한 타인처럼 보는 태도

가 자신에게 전혀 긍정적인 효과를 주지 못한다는 사실이 입증된 것이다. fMRI 촬영에서 미래의 자신을 다른 사람처럼 보는 경향이 상당히 강했던 참가자들은 또 다른 실험에서 재정적인 결정을 내릴 때 가장 인내심을 적게 보이기도 했다. 처음 제안받은 것보다 더 큰 재정적인 보상을 얻을 수 있음에도 그들은 만족지연을 선택하지 않았는데, 이 말은 곧 미래의 자아를 타인으로 보는 것과 만족지연이 어려운 것 사이에 상관관계가 있음을 뜻한다.

만족지연을 할 수 없는 사람에겐 미래를 위한 계획을 세우고 자제력을 발휘하며 실천해 나가는 일이 무척 힘들다. 현재 겪고 있는 문제와 즐거움이 앞으로 일어날 어떤 일보다 한층 더 중요하기 때문이다. 그렇다면 미래의 자아와 정신적으로 단절되어 있는 문제를 어떻게 고쳐 나가야 할까?

사람들이 앞을 길게 보고 생각하게 하는 일은 그동안 심리학자들에게 큰 딜레마였지만, 근래 들어 상황을 바꿀 수 있는 무언가를 발견했다. 자신이 누구고, 어떤 사람이 될 것이며 어떤 사람이 되고 싶은지를 정확하게 시각화하는 일이 필수적이라는 점이었다. 그러면 미래의 자아와 관계를 만들어 낼 수 있어 현재의 자신이 미래의 자신을 대변해서 행동하게 된다.

앞서 fMRI 실험을 주관한 어스너 허시필드 박사는 만족지연 능력을 높일 방법을 알기 위해 또 다른 실험을 실시했다. 실험에 들어가기에 앞서 박사는 참가자들의 사진을 찍고 컴퓨터 프로그램으로 그들의 디지털 아바타를 만들었다. 참가자의 절반은 현재 모습의 아바타를, 나머지 절반은 나이가 들어 턱살이 늘어지고 눈 밑이 불룩한 데다가 흰머리가 난 미래의 아바타를 만들었다. 그런 다음 참가자들은 현재 또는 미래 모습의 아바타로 가상의 환경을 탐험했다. 그들은 가상 공간에서 각각 1000달러씩을 받아 네 가지 분야에 자금을 할당해야 했다. 네 가지 분야란 특별한 사람을 위해 선물을 사고, 즐거운 파티를 열며, 은퇴 자금에 투자하고, 은행에 돈을 넣어 두는 것이었다. 최종적으로 나이 든 모습의 아바타를 가진 참가자들은 다른 참가자들보다 은퇴 자금에 두

배 이상의 돈을 배정했다.

실험 통제 장치로 연구진은 다른 참가자의 나이 든 아바타를 본 반응이 어떤지 살폈다. 그 결과, 미래 모습의 아바타를 가진 참가자가 현재 모습의 아바타를 가진 참가자보다 장기적인 선택 요인을 선호하는 것으로 드러났다. 다시 말해, 자신의 미래 자아를 분명하게 시각화한 사람들이 장래의 자신의 모습을 덜 낯설게 느낀 것이다. 이 시각화의 결과로 장기적으로 좀 더 나은 결정을 하는 성향이 증가했다.

나이 든 아바타를 가진 실험 참가자들과 비슷한 경험을 하고 싶다면 인터넷에서 얼굴 노화 애플리케이션을 찾아보라. 이런 것들을 활용하면 시각화하지 않았을 때보다 미래의 모습에 더 신경을 쓰게 되므로, 만족지연과 자제력 단련에 도움을 얻을 수 있다.

연구 결과를 좀 더 현실적으로 적용하자면, 미래의 자아란 현재 자신이 보인 행동의 결과로 생겨났다는 점을 인식하면 된다. 업무를 미루고 싶다는 생각이 들 때 그 유혹에 빠지기보다는 현재의 자신이 게으름을 피우면 미래의 자신이 스트레스를 받아 놀지도 못하고 제대로 쉬지도 못한다는 생각을 해야 한다. 최대한 구체적으로 현재 자신의 모습을 미래의 상황에 대입해 보라. 그때 가서 얼마나 힘들지, 자제력이 부족하여 생길 비용이 얼마나 될지 파악해야 한다.

제대로 생각하지 않고 나중에 해야겠다고 말하기란 쉽지만, 그러지 말고 자신에게 자제력을 발휘할 기회를 주자. 더 분명하고 쉽게, 제대로 된 결정을 내릴 수 있을 것이다.

현재의 선택이 미래를 어떻게 바꾸는가

미래의 자아를 제대로 시각화하고 만족지연에 능하다고 해도 자제력을 거스르는 유혹이나 충동을 완벽하게 피할 순 없다. 밖에서 친구를 만날 때 한 끼 식사 정도는 그리 혹독하게 칼로리를 따질 필요가 없다고 생각할 수도 있다. 하지만 그런 행동이 곧 의지력을 잃고 과거의 나쁜 습관으로 돌아간다는 뜻이라면 자제력을 유지하는 데 도움을 줄 비장의 무기가 필요하다.

그럴 때 10-10-10 법칙 The 10-10-10 Rule 을 적용해 보자. 충동이나 유혹이 느껴질 때면 그에 굴복했을 때 지금부터 10분, 열 시간, 열흘 뒤에 어떤 기분일지 생각해 보는 것이다. 미래의 자아를 생각하고 현재의 행동이 미래에 좋거나 나쁜 쪽으로 영향을 미치게 된다는 것을 알려 주니 효과적일 수 있다. 우리는 종종 자제력을 잃거나 지금 해가 되는 행동을 한다는 것을 알면서도 그 행동의 결과를 감당해야 하는 미래의 자아와 연관성을 느끼지 못하기에 행동을 멈추지 못한다. 10-10-10 법칙은 재빨리 연결고리를 만들어 내기에 자제력을 더 발휘하게 할 수 있다.

왜 10분, 열 시간, 열흘의 간격을 두는 것일까? 짧은 쾌락이나 위안이 장기적으로 어떤 결과로 이어지는지 깨닫는 데 도움이 되기 때문이다. 10분 동안은 기분이 좋을 것이고 어쩌면 슬슬 창피함을 느끼기 시작할 수도 있다. 열 시간이 지나면 주로 후회를 하게 된다. 열흘이

지나면 후회하는 마음이 더 커져 한 번의 결단이나 행동
이 장기 목표를 추구하는 데 부정적인 영향을 끼쳤다는
것을 깨닫게 된다. 그런데 10-10-10 법칙을 적용해 현
재의 행동이 열흘 뒤에 어떠한 변화도 만들지 않는다고
생각된다면 크게 신경 쓰지 않아도 된다.

동료와 저녁 식사를 하기 위해 운동을 빼먹을지 고민
중일 때 10-10-10 법칙을 적용해 보자. 이제 막 운동을
시작해서 꾸준한 습관이 들기 전이라면 하루 운동을 빠
지는 결정이 향후 운동을 건너뛰거나 아예 그만둘 확률
을 높인다. 10분, 열 시간, 열흘이 지난 뒤에는 어떤 기
분일까? 10분이 지나면 살짝 후회를 할 것 같지만 여전
히 동료와 함께 라자냐나 아이스크림을 먹고 있으니 괜
찮다. 아직 즐거우니까. 열 시간이 지나면 즐거움은 사라
졌고 다이어트 패턴이 무너졌으니 후회하게 된다. 열흘
뒤에는 100퍼센트 후회를 하게 된다. 지금까지 자제력
을 발휘한 것들이 모두 깨져 버린 셈이니 말이다. 반대
로 이미 꾸준히 즐기며 운동하는 습관이 들었다면 지금
부터 열흘 뒤에는 한 번 운동을 빠진 것이 장기적인 습

관이나 목표에 전혀 해가 되지 않았다고 느낄 것이다.

10-10-10 법칙이나 의지력의 딜레마에 좌우되지 않는 사람이라면 자신에게 마지막 질문을 던져 보자. 지금 의지력을 무너뜨리는 것이 열흘 뒤 또는 그 이상의 시간이 흐른 뒤에 어떤 영향을 미칠까? 더 장기적인 목표와 과제를 가지고 있다면 기준을 10주로 바꿀 수도 있다.

이 과정에서 자신에게 핑계를 대거나 합리화하지 않도록 주의해야 한다. 과거에 수차례 잘못된 습관을 끊기 위해 노력했지만 결국 실패하고 오히려 잘못을 더 강화하는 꼴이 되었다고 가정해 보자. 한번 자제하지 못한 이후 곧장 나쁜 습관에 빠진 전적이 있다면 열흘 혹은 10주 뒤에는 어떤 기분이 들까? 솔직하게 평가했을 때 장기적인 목표 달성을 위해서 지금 자제력 단련을 소홀히 할 여유가 없다는 것을 알 것이다. 단 한 번의 상황이 예외나 판단의 기준이 되는 것은 아니지만, 좋든 싫든 그것이 자신의 특성을 반영한다는 사실을 알아야 한다.

자기 합리화와 변명이 무엇인지조차 제대로 볼 수 없다면 10-10-10 법칙을 적용해 봐야 소용이 없다. 일반적으로 만족지연을 더 잘하게 되면 자제력도 더욱 증가한다. 자신의 미래 모습을 분명하게 떠올리고 현재와 연관 지을수록 유혹의 순간에 만족지연을 선택할 가능성이 더 높아지니, 미래의 자아와 좀 더 굳건한 관계를 구축할 방법을 찾아야 한다.

밥을 먹을 때 제일 먹고 싶은 것을 마지막까지 남겨두었다가 마지막에 마음껏 먹는 것부터 시작하자. 그리고 만족지연이 그리 간단하거나 쉽지 않을 때는 잠시 멈추고 10-10-10 법칙을 활용해 가능한 한 건강한 결정을 내려 보자. 당연히 디저트보다 샐러드부터 먼저 먹는편이 좋다.

The Science of Self Discipline

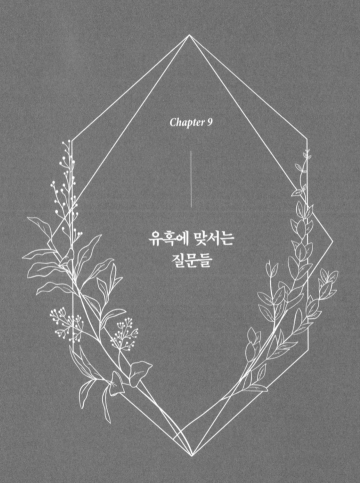

Chapter 9

유혹에 맞서는
질문들

in Case of Temptation

자제력을 발휘하는 것은 결코 쉬운 일이 아니다. 기껏해
야 오랫동안 젖은 양말을 신고 있는 것과 같다. 썩 좋지
도 않고 선호하지도 않지만 이미 너무 익숙해져 엄청나
게 나빠지지 않는 한 마음이 쓰이지 않는 정도다. 어쨌
든 보통 사람들은 양말이 젖었더라도 온종일 그대로 신
고 다닌다.

　하지만 가끔은 자제력을 키우는 것이 무척 어렵게 느
껴지기도 한다. 지치고 좌절감에 머리를 쥐어뜯거나 폭
발하고 싶은 순간도 있다. 다행히도 평상심을 되찾게 해

주는 방법이 있다. 지금부터 소개할 질문의 대답을 생각하다 보면 다시 목표에 집중하고 자제력을 단련하려는 동기 부여가 될 것이다. 이 질문들은 자제력 단련이 힘들어 그만두고 싶어 하는 실제 이유도 밝혀 준다.

자신에게 네 가지 질문을 하고 솔직하게 대답하면 스스로 합리화하거나 핑계를 만드는 경향에 대해 더 잘 이해할 수 있다. 자신의 인생을 좀 더 잘 조절할 수 있는 습관을 키우는 준비도 될 것이다.

인생에 자제력이 필요하다고 생각하는가

가장 직접적인 질문을 제일 먼저 해 보자. 그래야 자신을 엄격하게 몰아세울지 아니면 따뜻하게 감싸 안을지 결정할 수 있다.

자제력을 잘 발휘하는 사람이 되고 싶은가?

이 질문에 어떻게 대답할지 궁리할 여유를 절대 주어서는 안 된다. 그저 '예' 또는 '아니요'로 대답해야 한다. 잠시 멈추고 생각하고 싶다면 '아니요'라고 답한 것과 같다. '만약', '그리고', '하지만' 등의 예외는 없다. 자제력 훈련이 잘 되었든지 아니든지 둘 중 하나일 뿐, 그 중간은 없다. 목표를 위해 자제력을 발휘하는 연습이 잘되어 있을 경우, 원하는 모습으로 가기 위해 꼭 필요한 일이라면 불편하더라도 하게 될 것이다. 모든 시점에서 자신이 어느 쪽인지 확실히 분류해야 한다.

물론 현실은 흑과 백의 이분법으로 나눌 수 없다. 한 번 실수를 했다고 자제력이 아예 없는 사람인 건 아니다. 인간은 누구나 실수를 한다. 그러나 흑과 백처럼 결정이나 행동을 단순하게 접근할 수 있는 상황에서는 자제력을 단련하지 못한 사람처럼 보이고 싶지 않으니 실패하지 않으려는 강한 동기가 생긴다. 회색 지대가 없으므로 명백히 옳은 것 외에는 모두 그른 것이 된다. 이런 방식으로 결정하는 것이 상관없다고 생각하게 만들거나, 한 단계 더 나아가 기분이 좋지 않더라도 자제력을 계속 발휘하고 싶게 만들어야 한다.

할 일이 있지만 피곤해서 지금은 좀 쉬고 싶다고 생각해 보자. 그 결정을 분석하느라 시간을 질질 끌며 자신의 게으름을 합리화할 가능성이 커진다. 제대로 분석하지 않고 내버려 두면 일이 더 급해지거나 피로가 좀 풀릴 때까지 미루어도 아무 문제 없다는 확신이 재빨리 마음속에 차오른다. 하지만 '모 아니면 도' 식으로 결정을 내리자면 한쪽은 자제력을 발휘하는 것이고 다른 쪽은 그렇지 않은 것이 된다. 이런 방식으로 생각하면 처음부터 싹을 자르고 곧바로 행동하게 된다. 스스로 자제력이 단련되지 않은 사람으로 생각하고 싶진 않기 때문이다.

이 질문을 두고 자신에게 거짓말을 하거나 마음대로 행동하려는 핑계는 댈 수 없다. 일을 하지 않기로 결정했다면 목표 달성을 위해 자제력을 연습하지 않는 사람이라는 점이 증명되기 때문이다. 가끔 단순한 접근 방식을 활용하면 자제력을 발휘할 때 실패를 피하는 자극을 받을 수 있다. 또한 마음먹은 것을 곧바로 행동에 옮기게 하는 추가 효과도 준다.

쉬운 선택만 하고 있지는 않은가

지금까지 잘 견뎌왔지만 유혹에 흔들릴 때 다음 질문을 던져 보자. 똑똑한 사람일수록 자기 꾀에 넘어가기 쉬운데, 그럴 때 이 질문은 유해한 자기 합리화를 예방해 준다. 더 이상 자제력을 발휘할 수 없다면 그 이유를 제대로 이해하는 것이 중요하다.

난 지금 올바르게 행동하고 있는 걸까,

아니면 그냥 쉬운 쪽을 택한 걸까?

안타깝게도 대개 올바른 행동이란 어려운 행동을 의미한다. 평범한 사람은 대안이 있다면 대개 어려운 쪽을 선택하지 않으니, 자제력이 종종 목표 달성에 실패한 많은 사람의 약점이 되기도 한다. 우리는 의식적으로든 아니든 거부감이 적은 쪽으로 흘러가는 경향이 있다. 그런 사람이 되고 싶지 않다면 자신이 올바른 행동을 하는지 여부부터 정확하게 대답할 수 있어야 한다.

올바르게 행동하고 있다고 자신 있게 말할 수 없다면 자신이 어떤 식으로 핑계를 대는지 파악하려고 노력해야 한다. 자신만의 합리화와 핑계에 빠진다면 자제력을 키워 목표를 달성할 수 없기 때문에 이 과정은 매우 중요하다. 해야 할 일을 하지 않았다면, 간단히 말해 입 밖으로 나온 모든 것이 핑계다.

참석하고 싶지 않은 사교 모임에 초대받은 경험이 몇 번쯤은 있을 것이다. 가끔 그런 상황이 오면 누가 초대했든 그 사람에게 무례하지 않은 방식으로 거절할 핑계를 찾느라 애를 쓴다. 그래야 가고 싶지 않다는 진심을 언급하는 것보다 감정적인 대립을 줄일 수 있다고 생각하기 때문이다. 그렇지만 기분이 더 좋아지려고 자신에게도 똑같이 한다는 사실은 인식하지 못한다. 자신의 행동에 대해 솔직하고 정직해지는 연습이 실질적으로 도움이 된다. '밖이 너무 더우니까' 또는 '시간이 너무 늦어서' 달리기를 빼먹는다고 합리화하는 대신 이렇게 생각하는 건 어떨까. '오늘 달리기를 하러 가지 않는 이유는 내가 너무 무르고 게을러서야.'

우리는 현실에서 왜 달리기를 하러 가지 않을까? 그저 게을러서고 다른 이유는 없다. 당연히 나가서 뛰고 오는 것이 옳은 행동이라는 걸 스스로도 알고 있다. 그냥 쉬운 쪽을 택한 것이다. 이 질문은 자신이 평소에 어떤 핑계를 대고 자기 합리화를 하는지 차츰 인식하게 한다. 잔인할 만큼 자신에게 솔직해지는데, 이렇게 자신을 똑바로 보게 되면 행동에 변화를 가져올 수 있다.

올바른 행동을 하고 있다고 늘 말하고 싶을 테지만, 이런 마음은 종종 좀 더 노력해야 한다는 것을 의미한다. 그렇지만 꾸준히 한다면 추가로 들인 노력은 반드시 결실을 얻게 된다. 예를 들어, 중간고사를 보는데 부정행위를 할 기회가 생겼다고 하자. 걸리지 않는다고 확신한다면 평범한 학생은 아마도 부정행위를 하는 쪽을 택할 것이다. 시간이 흘러 기말고사가 다가왔고 이번에는 감시가 커져 부정행위의 위험 부담이 크거나 불가능해졌다. 중간고사 때 부정행위를 하지 않았던 학생은 스스로 공부하려는 의지가 있으니 실제로 학기 내내 시험을 대비해 공부했을 테지만, 학기 내내 부정행위를 했던 학생은 기말고사가 너무나 막막할 것이다.

목표에 도달하는 것은 기말고사를 잘 치르는 것과 다르지 않다. 분명 그 과정에서 자기 합리화를 하며 지름길을 찾는 데 조금 성공했을지 몰라도, 궁극적으로는 그 점이 발목을 잡아 진정으로 원하는 것을 얻지 못하게 된다. 올바른 행동을 하면 그 순간에는 더 힘든 길을 가는 게 아닌가 싶겠지만 꾸준히 하면 목표를 달성하는 가장 효율적인 방법이 되어 줄 것이다.

정말로 원하는 것이 무엇인가

목표와 열망이 없다면 자제력을 발휘하는 것은 의미 없는 고통처럼 느껴진다. 그러므로 자제력을 잃을 때 발생하는 실수는 종종 자신과 목표가 잘 결합되어 있지 않을 때 찾아온다. 그럴 때는 다음과 같은 세 번째 질문을 던져 보자. 이 질문을 통해 스스로 성취하려는 것이 무엇인지, 불편한 자제력을 연습하며 고통받는 이유는 무엇인지 확실히 알 수 있다.

샐러드를 먹으면 어떤 디저트를 상으로 받게 될까?

이 순간 자제력에 몰두하며 불편을 감수하는 것은 미래에 이득을 보기 위해서다. 자제력을 잘 발휘한 행동이 샐러드고 그 보상이 디저트다. 그런데 자신이 얻게 될 보상이 무엇인지 까먹으면 쉽게 흔들리게 된다.

목표를 잊어버리거나 자제력을 잘 발휘하여 얻게 될 보상을 잊어버리면 앞서 서술한 것처럼 의미 없는 고통을 겪는 것처럼 느껴지기에 자제력 단련에 실패할 수밖에 없다. 자신이 무엇을 위해 노력하고 있는지 분명하게 알지 못하면 어찌 되든 상관없다는 식의 감정만 생길 뿐이다.

보상이 무엇인지 잊어버리는 방식에는 두 가지가 있다. 우선, 그냥 잊어버린다. 그러므로 '왜' 자제력 연습이 꼭 필요하고 해야 할 가치가 있는지 끊임없이 상기시키고 쉽게 알 수 있도록 해 줄 장치를 마련해야 한다. 사진,

알람, 그 외 모든 힌트를 활용해 향후 얻게 될 보상을 최대한 눈에 보이게 만들어라.

둘째, 보상 자체가 두드러지지 않으며 동기를 부여할 요소와 효과적으로 결합되지 않아서 잊어버린다. 보상이 자제력을 키울 때 일시적으로 겪는 불편함을 감수할 만큼 충분히 크지 않다면 꾸준히 해 나가기 어렵다. 노력의 결실이 무엇인지 정확하게 알 수 있는 것, 그리고 일상적으로 늘 생각하고 마음에 둘 수 있는 것이면 더 이상적이다. 또한 인생에 어떤 공헌을 하게 되는지, 그로 말미암아 어떤 혜택을 받을지 미리 알아 두는 것도 좋다.

보디빌더들은 보상을 위해 고통을 감내하는 사람의 좋은 본보기가 된다. 그들은 대회에 나가기 몇 달 전부터 열정적으로 건강한 식습관을 유지하고 꾸준히 몸을 단련한다. 그리고 대회 일주일 전부터는 음식물 섭취를 거의 중단하고 더 열심히 운동한다. 이것은 신체적, 정신적, 감정적으로 정말 어려운 일이다. 그들은 대회가 끝나고 몇 년이 지나더라도 자신이 얻을 보상이 가치가 있다고 느끼기에 꾸준히 노력한다. 고통이 상쇄될 정도로 장점이 큰 것이다. 그들은 대회에서 우승하면 광고 모델로 섭외받는 것은 물론, 자기 분야의 정점에 올라 전설이 되어 백만장자가 될 가능성이 높다. 고통이 그런 가능성으로 이끌어 주니 충분히 견딜 만하고, 날마다 보상을 기억하며 마음을 다잡을 수 있는 것이다.

그러니 자신에게 이런 질문을 해 보자. '난 왜 이걸 하고 있을까?' 보디빌더처럼 극심한 훈련을 할 필요가 없어도 자신이 받을 보상이 매우 중요하고 스스로를 진정으로 움직이게 하는 것임을 확실히 알아야 한다. 자제력을 단련하는 데 매진할수록 결승점에서 기다리고 있을 보상은 더 커진다. 얼마나 야심 찬 목표를 세웠든 간에 그 목표를 꾸준히 상기하면 자제력의 필요성을 인식하고 고통을 이겨 낼 수 있을 것이다.

자기 자신을 얼마나 잘 아는가

순간적인 충동에 넘어가고 있다는 것을 인식

하지도 못한 채 충동에 빠져 본 적이 있는가? 대다수의 사람이 그렇다고 대답할 것이다. 다음은 잘못을 저지르기에 앞서 던지는 마지막 질문이다. 자신의 사고방식을 돌아볼 수 있다면 충동을 성공적으로 억제하고 자제력을 잘 활용할 수 있도록 행동할 수 있다.

자기 자신을 잘 알고 있나?

자각하지 못했다고 풀이 죽을 필요는 없다. 모두가 그런 일을 겪는다. 그러나 앞서 말했듯이 주의를 분산시키는 요인이나 충동은 자제력 훈련의 적이다. 장을 볼 때 쉽게 다른 곳에 정신이 팔리는 사람이 신중하게 소비하는 사람보다 시식을 더 많이 하고 충동적으로 제품을 구입하는 경향이 있다는 연구 결과가 있다. 왜 그럴까? 정신이 산만한 상태에서는 논리적으로 생각하기가 어렵기 때문이다. 한마디로, 옳은 결정을 내리기에 적절한 상태가 아니다.

자신에 대해 잘 아는 것은 자제력 연습을 위한 규칙을

어길 수도 있고, 새로 만들 수도 있을 정도로 중요하다. 현실에 집중하지 못하고 항상 어딘가로 마음이 흘러간 다면 무슨 실수가 있었는지조차 파악하지 못하게 된다. 그러면 세 번째 질문에서 찾아낸 '이유'조차 전혀 쓸모 가 없게 된다. 스트레스, 두려움, 불안을 최대한 줄이고 항상 현재에 집중하며 정신을 가다듬어 보자.

현재를 자각하는 데 도움이 된다고 잘 알려진 방법으 로는 명상이 있다. 명상이 아니더라도 정말로 현재에 집 중하게만 할 수 있다면 어떤 방법이든 상관없다. 창작 활동, 음악 듣기, 스포츠 등 무엇이든 좋다. 일상에서 자 신에 대한 깨달음을 높일 수 있는 것이면 무엇이든 궁극 적으로 자제력을 발휘하는 데 도움이 된다.

물론 단순히 이 질문들을 기억하는 것만으로도 어느 정도 자각을 할 수 있다. 마지막 질문에 솔직하게 '예'라 고 대답한다면 유혹에 넘어가 욕망을 채우지 않는다는 의미다.

음란물에 중독된 사람이 그걸 보지 않으려고 노력해 오다가 우연히 SNS에서 중독 습관을 촉발하는 사진을 보게 되었다면? 그 순간 자신을 파악할 수 있다면 사진을 봤을 때 자기가 어떤 반응을 보였는지 자각하게 된다. 그러면 그 반응에 동조하는 것이 자제력 연습을 더 힘들게 한다는 사실을 인식할 것이다. 아무 생각 없이 SNS에 머물며 욕구가 더 강해질 때까지 사진을 찾아보는 대신 스스로 적절한 수준에서 충동을 끊어 낼 수 있다. 적어도 자신이 지금 무슨 행동을 하고 있는지 자각하고 있다면 한 시간 넘게 타임라인을 넋 놓고 바라보다 언제 시간이 이렇게 흘러버렸는지 의아해하지 않게 된다.

우리 뇌는 늘 쾌락을 추구하기에 자각 능력이 높아지면 부정적인 길로 인도하는 유형이나 행동을 파악할 수 있다. 이 장에서 소개한 네 가지 질문은 자제력을 단련하는 도중 실수를 방지하는 데 충분히 효과적이다. 자제력을 잘 발휘하는 사람이 되고 싶다면 지금 잘 하고 있는지 자문하는 것이 좋은 시작점이 된다. 올바른 행동을 하고 있는지, 쉬운 길을 선택했는지 등 더 깊이 있는 질문을 이어 감으로써 합리화하고 핑계를 대는 성향을 대면할 수 있게 된다. 더불어 목표와 자제력의 중요성을 꾸준히 인식하게 해 주는 동기에 대해 알게 된다. 마지막으로 자신을 정확히 인식하여 자제력 훈련에 집중할 수 있게 된다.

자신에게 묻고, 어떻게 반응하는지 솔직하게 파악하자. 그리고 그 과정에서 자제력을 더욱 키울 수 있는 쪽으로 습관을 들여 보자.

The Science of Self Discipline

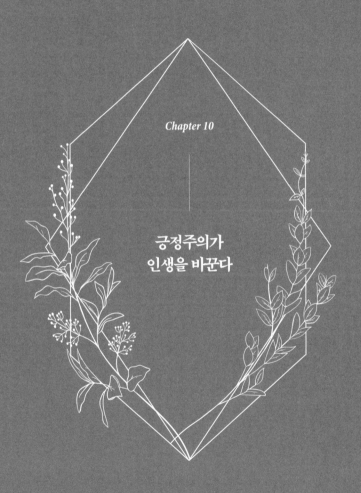

Chapter 10

긍정주의가
인생을 바꾼다

한 사람의 사고방식은 그의 인생과 주변을 얼마나 긍정적으로 또는 부정적으로 인식하는지에 전적으로 영향을 끼친다. 더불어 자신이 얼마나 자제력 훈련이 잘 되었는지도 알려준다. 긍정적 접근법은 동기 부여 및 자제력의 발휘와 깊은 관련이 있기에 이점이 많다는 사실은 과학적으로도 충분히 증명되었다. 인생의 다른 부분에서도 장점이 된다는 것은 말할 필요도 없다. 긍정적이고 낙관적인 사고방식을 가지면 정확히 어떤 좋은 점이 생기는지 자세히 살펴보자.

이미 시작점을 벗어났다고 생각하라

자제력을 더 잘 단련할 수 있도록 사고하는 방법 중 하나는 부여된 진행 효과endowed progress effect를 활용하는 것이다. 부여된 진행 효과는 이미 가지고 있는 것에 대해 생각하는 것이 원리다. 예를 들면 코인이나 포인트를 얻는 비디오 게임을 할 때, 게임 초반에는 코인이나 포인트를 비교적 얻기 쉬운 데다 잔뜩 모을 수 있으니 더욱 게임에 몰두하게 된다.

일반적으로 사람은 0에서 시작하는 것보다 완성에 가까운 방식을 잘 알고 있을 때, 무언가를 얻고자 더 열심히 노력한다. 따라서 목표를 향해 어떤 인위적인 발전이 주어진다면 목표를 달성하기 위해 남은 일들을 해낼 가능성 역시 커진다.

조지프 C. 누네스Joseph C. Nunes와 하비어 드레제Xavier Dreze가 세차 업체의 쿠폰 제도를 활용해 이 이론을 분명하게 증명해 보였다. 그들은 두 종류의 쿠폰을 준비했다. 하나는 여덟 번 세차를 하면 한 번 공짜인 쿠폰이고, 다른 하나는 열 번 세차를 해야 한 번 공짜지만 이미 도장이 두 개 찍혀 있는 쿠폰이다. 고객이 어떤 쿠폰을 받든지 공짜 세차 서비스를 받으려면 여덟 번 세차를 해야 한다는 건 똑같다. 그런데 결과에서는 엄청난 차이가 있었다. 카드를 나누어 주고 아홉 달이 지난 뒤, 도장이 두 개 찍힌 쿠폰을 받은 사람의 34퍼센트가 무료 세차의 혜택에 도달했고, 그렇지 않은 카드를 받은 쪽은 19퍼센트에 불과했다. 아마도 도장이 두 개 찍혀 있는 카드가 인위적으로 목표를 향해 이미 움직여진 덕분이었을 것이다.

부여된 진행 효과는 목표를 성취하는 데 필요한 노력을 줄이는 대신 목표를 향해 이미 나아가고 있다는 느낌을 주어 효력을 발휘한다. 목표에 도달하기 위해 더 노력하게 하는 것이다. 부여된 진행은 스스로 획득한 진행과는 다르며 동기에도 다른 영향을 미친다. 이 사례는 광고가 조작을 통해 부여된 효과를 활용할 수 있다는 시나리오를 설명하며, 일상적으로 발휘하는 자제력에도 적용할 수 있다는 교훈을 알려 준다.

이미 목표를 향해 한 걸음 나섰다고 생각한다면 그 목

표를 이루고자 노력을 게을리하지 않을 공산이 더 크다. 그 이후로도 자신의 발전 정도를 눈에 보이도록 수치화해서 시작점인 0에서 많이 나아가 있다는 것을 깨달아야 한다. 어떤 방식으로든 목표를 성취하기 위해 투자를 했다면 이미 투자한 시간과 노력, 자원을 낭비하지 않도록 생각해 볼 수 있을 것이다.

아직 목표를 향해 아무런 시작을 하지 않았더라도, 이미 이룩한 과정을 수치화하는 방법을 궁리해 보자. 다른 사람과 확연히 다른 자신만의 특성, 능력, 장점이 있을 것이다. 이것들을 일종의 발전 정도로 생각하고 이미 0에서 벗어나 있다고 생각하면 큰 도움이 될 것이다.

기타를 배우는 것이 달성하고 싶은 목표라고 가정해 보자. 지금까지 한 번도 실제로 기타를 쳐 본 적이 없지만 그렇다고 전혀 발전이 없다는 뜻은 아니다. 어쩌면 다른 악기를 다루어 보았거나 기타를 치는 스마트폰 게임을 해서 손재간이 좋을 수도 있다. 어쩌면 이미 악보 읽는 법을 배웠거나 레슨을 해 줄 사람을 알고 있을지도 모른다. 기타를 살 필요가 없도록 빌려줄 사람이 있을 수도 있고, 어릴 때 잠깐 우쿨렐레를 배웠을지도 모르고 말이다. 이 모든 상황이 완전한 0에서 시작하는 것보다 시간과 노력을 줄여 주고 할 수 있다는 동기를 부여한다. 0퍼센트가 아닌 20퍼센트에서 시작하는 것이니 그 차이가 꽤나 크게 느껴질 것이다.

목표에 가까워질수록 힘이 나는 이유

부여된 진행 효과와 비슷한 개념으로 목표 근접성goal proximity이 있다. 목표 근접성이란 목표에 다가갈수록 도달하고자 하는 노력을 더 많이 들인다는 뜻이다.

1930년대의 심리학자인 클라크 홀Clark Hall 은 쥐 실험을 통해 음식에 가까워질수록 미로를 달리는 쥐의 속도가 빨라진다는 것을 확인했다. 그로부터 10여 년 뒤 저드슨 브라운Judson Brown이 이 연구를 좀 더 발전시켰다. 그는 음식을 찾아 뛰어가는 쥐에게 목줄을 채워 음식과의 거리에 따른 목줄 당김 정도를 측정했다. 홀의 미로 실험과 마찬가지로 브라운은 쥐들이 음식에 가까워질 때 목줄을 더욱 세게 당긴다는 사실을 발견했다.

이 사례에서 알게 된 쥐의 뇌와 사람의 뇌는 크게 다르지 않다. 목표를 향해 전혀 전진하지 못한다는 기분이 든다면 목표 자체가 달성할 수 없는 것처럼 느껴지거나 시도할 가치를 못 느낄 수 있다. 그러나 인위적으로 목표에 다가서는 과정을 집어넣으면 조금 더 가까워졌다는 느낌이 들어 실제로 목표를 달성하도록 행동하게 된다.

목표 근접성을 설명해 주는 예시 중 하나로 마라톤 주자들을 들 수 있다. 이들은 마지막 구간인 약 41킬로미터에 접어들자 그 전보다 더 빨리 달렸다. 이론적으로만 생각했을 때 거의 마지막에 다다르면 피로가 누적되어 속도가 가장 느려져야 한다. 그런데 선수들은 마지막 구간에서 더 빨리 달렸다. 이는 거의 목표에 도달했다는 것을 알고 있기 때문이다. 실제 결승점이거나 수치상의 목표가 보이면 거기에 닿기 위해 마지막으로 속도를 내게 된다.

목표 근접성을 부여된 진행 효과와 결합하면 어떻게

될까? 항상 목표를 향해 정진하면서 아무리 사소한 것이라도 지금까지 성취한 내용을 꼭 기록하게 될 것이다. 0퍼센트의 시작점에서 지금까지 얼마나 멀리 왔고, 앞으로 100퍼센트까지 얼마나 가까워졌는지를 강조하며 말이다.

타인을 위한 행동이 동기가 된다

대부분의 사람이 타인의 인생에 긍정적인 영향을 끼칠 때 행복해한다. 자신의 행동이 주변 사람들에게 어떤 영향을 미칠지 생각해 보는 것은 자제력 단련은 물론 올바른 행동으로 이끄는 강력한 동기가 될 수 있다.

펜실베이니아대학교 와튼스쿨의 심리과학자 애덤 그랜트Adam Grant는 타인에게 자신의 행동이 어떤 영향을 미칠지 생각하는 것이 가끔은 다른 어떤 개인적인 이유보다 더 강력한 자극요인이 된다는 점을 발견했다. 병원은 일반적으로 의료진에게 '손을 씻지 않으면 환자로부터 감염될 가능성이 더 크다'는 경고로 손 씻기를 꾸준히 권장해 왔다. 그러나 이런 방식은 가장 효과적인 경고는 아니다. 보건 전문가들은 손을 자주 씻는 것이 중요하다는 걸 알고 있으면서도 20~30분에 한 번, 또는 병균이나 감염성 질환에 걸린 환자를 만날 때만 손을 씻었다. 이는 심리학자들이 말하는 불사의 착각illusion of invulnerability으로, 자신은 절대 아프지 않을 거라는 비이성적인 믿음에 근거한 것이다.

더욱이 그랜트는 개개인의 건강을 위해 손을 씻으라고 의사와 간호사들에게 경고하는 안내문이 효과적이지 않다는 점을 깨달았다. 그는 서로 반대되는 두 가지 안내문을 만들었는데, 한 안내문에는 '깨끗한 손이 질병을 막아 줍니다'라고 적고 다른 안내문에는 '깨끗한 손이 환자의 질병을 막아 줍니다'라고 적었다. 이 안내문을 병원 주위 서로 다른 장소에 배치한 뒤 그것을 본 의사와 간호사들이 손을 얼마나 자주 씻는지 관찰했다. 덧붙여 비누와 손세정제를 얼마나 사용하는지도 측정했다.

환자를 보호하고자 쓴 안내문은 개인의 위생에 대한

안내문보다 손 씻는 빈도를 10퍼센트 높였고 비누와 손 세정제 사용 빈도 역시 33퍼센트 더 높아졌다.

의료진의 마음가짐에 대한 고찰 외에, 우리가 그랜트의 연구에서 배울 수 있는 점은 무엇일까? 우리는 자신의 행동이 타인에게 직접적으로 어떤 영향을 미치는지 생각해야 한다. 다른 사람을 배려하는 마음은 강력한 동기 자극제가 되거나 스스로 부끄럽게 여겨 더 나은 행동을 할 수 있게 하는 도구로 작용할 수 있다. 앞서 주변 사람들과의 관계가 자제력 발휘와 인생에 뚜렷한 영향을 미친다고 언급한 바 있다. 이 말은 자신의 행동이 주변 사람에게 영향을 끼친다는 의미와 일맥상통한다.

앞서 자제력을 키우는 다른 예시로 운동을 들었다. 운동을 시작할 때 파트너가 있으면 책임감을 높이는 데 도움이 된다는 점도 확인했다. 그런데 왜 꼭 파트너가 도움이 되는 것일까? 그건 파트너를 실망시키고 싶지 않다는 마음이 들기 때문이다. 그랜트의 연구에 따르면 파트너의 인생과 건강 수준을 높이는 데 도움을 줄 생각을 하는 것만으로도 동기 부여가 될 수 있다고 한다.

피곤할 때 자신을 다잡는 것으로는 충분하지 않다. 이럴 때는 자신의 나태함이 타인에게 부정적인 영향을 미칠 수도 있다고 생각하는 것이 더욱 효과적일 것이다. 반대로, 최선을 다하는 모습을 보여 타인에게 운동할 동기와 영감을 주겠다는 생각이 자신의 인내심을 높이기 위해 꾸준히 노력하는 데에도 조금이나마 더 도움이 된다.

실패에서도 반드시 배우는 게 있다

자제력이 잘 단련된 이상적인 삶을 살고 싶다면, 매사를 긍정적으로 여기는 사람이 되어 최악의 경우를 대비하며 최선을 다하면 된다. 물이 반쯤 담긴 유리잔을 다르게 생각하듯 일어난 모든 일에서 긍정적인 부분을 찾도록 해 보자. 그러면 자기 성장에서 빠질 수 없는 실패와 낙담을 마주할 수 있어, 궁극적으로 자제력을 발휘하는 데 도움이 될 것이다. 패배감에 빠져 있기보단 실패와 낙담에서 한 수 배우고 한 걸음 내딛는 것이다.

실패를 예상했기에 좌절하지 않을 것이고 최고의 순간은 아직 오지 않았다고 느낄 수 있다.

긍정적인 사람이 되는 것은 곧 자기 설득의 한 과정이기도 하다. 다른 말로 표현하자면, 세상을 긍정적인 눈으로 바라보기로 하고 그간 집착해 온 부정적인 성향과 사건을 다 놓아준다는 의미다. 물론 긍정적인 사고 습관을 가지려면 많은 시간과 노력이 필요하다. 단순히 '지금부터 긍정적인 사람이 될 거야'라고 말하고 실제로 그렇게 될 수 있다면 좋겠지만 그러기는 어렵다. 날마다 자신을 단련하는 일에 집중하고, 자신에 대해 생각하며 행동하면 긍정적인 사람이 되는 일이 한결 수월해진다.

매사를 차근차근 긍정적으로 접근해 나가면 부정적이고 비생산적인 사람이나 상황을 피하는 일도 점점 더 쉬워진다. 또한 전에는 아무것도 보이지 않던 곳에서 희망과 잠재력을 발견하게 될 것이다. 문제에 갇혀 가라앉는 것이 아니라 수많은 해결책을 알게 되고 시도해 볼 의지도 생긴다.

긍정적인 사람이 되고자 노력하다 보면 주위에 긍정

적인 사람들이 끌려 온다. 더 크고 나은 사람이 될 것만 같은 기운도 얻을 수 있다. 그리고 절대 보상받지 못할 일에 시간을 낭비하지 않고 모든 방면에서 자신을 채우고 성장시켜 줄 활동과 일에 집중하게 된다.

그렇다면 자제력을 키우는 데 긍정주의는 어떤 도움을 줄까? 방금 힘든 이별을 겪어 상실감과 외로움에 빠져 있다고 생각해 보자. 부정적인 사람이라면 이제 더는 사랑에 빠지거나 연애를 통한 행복을 느낄 수 없다고 단정해 버릴 것이다. 전 연인과의 관계에서 했던 실수를 떠올리며 후회에 빠져 있을 수도 있다. 이런 사람들은 대개 몇 달 동안 상처받은 감정으로 지내며 일반적으로 사람을 믿지 못하게 된다. 반면 긍정적인 사람은 실연을 개인적으로 성장하는 기회로 여기고 열린 마음으로 받아들인다. 부정적인 사람이 실연을 극복하는 데 몇 달 또는 몇 년이나 시간이 걸리는 반면, 긍정적인 사람은 이별 과정을 잘 파악하고 지난 사랑으로부터 교훈을 얻어 여전히 생산적인 삶을 유지한다.

우리 모두가 힘든 시간을 겪는다. 그런데 힘든 시기에

마음먹었던 긍정적인 태도가 자제력과 생산성을 유지하는 데 도움을 준다. 긍정적인 마음가짐이 없다면 꿈과 목표도 잃고 방황하게 될 것이다.

목표를 추구하는 과정 자체가 중요하다

자신과 주변에서 벌어지는 대부분의 일은 스스로 어떻게 할 수 없는 것들이다. 자신의 노력으로 바꿀 수 있는 것에만 집중하면 더 건강한 사고방식을 가질 수 있다. 다만, 노력을 얼마나 쏟아부었든 간에 결과는 100퍼센트 외부의 영향을 받는다.

결과에만 집중하고 거기에 자신의 가치와 의미를 부여하는 한 새로운 경험과 위험을 감수하지 못한다. 지나치게 실패를 걱정한 나머지, 모든 것을 쏟아부었는데도 충분하지 못했다는 점을 직시하지 않으려고 처음부터 최선을 다하지 않는 사람들이 그 예시다. 반대로 자신의 노력에 가치를 부여한다면, 결과가 어떻든 과정을 즐길 수 있을 것이다.

그렇다고 목표를 가지지 말라는 의미가 아니다. 목표를 살짝 변경하라는 뜻이다. 자신이 통제할 수 없는 결과 자체에 목을 매기보다는 지금 상황에 최고의 노력을 기울이는 것을 목표로 삼아야 한다. 노력한다는 건 스스로 통제할 수도 있고 좋은 기분도 느낄 수 있게 해 준다.

인생에서 함정에 빠졌거나 막다른 길에 있는 기분이 들 때면 자신이 둘 중 어느 쪽인지 자문해 보자. 타인이 자신을 어떻게 생각할지와 결과 자체에 중점을 두고 있는가? 아니면 목표를 추구하는 과정에 집중하며 진정으로 현재를 즐기고 있는가? 후자라면 자신의 재능과 능력을 충분히 발휘할 수 있다. 종종 생산적인 결과도 기대할 수 있다.

흠이 있는 노력이라도 성공을 가져올 수 있고 완벽한 노력도 실패로 이어질 수 있다. 따라서 자신의 성과를 결과와 분리할 수 있어야 한다. 그래야만 잘못된 방식을 강화하는 실수를 방지할 수 있다. 매번 원하던 결과로 이어졌는지 아닌지를 상관하지 않고 그 과정을 제대로

해 나갔다는 점을 인식할 수 있으면, 더 효과적으로 새로운 기술을 배우고 발전시킬 수 있다.

이탈리아로 여행을 가기 석 달 전에 기본 이탈리아 회화를 배우는 목표를 세웠다고 가정하자. 날마다 꾸준히 15분씩 공부한다면 그리 긴 시간을 할애하는 것은 아니지만 자제력을 연습하기에는 더할 나위 없이 좋다. 어쩌면 이탈리아에 도착했는데 현지인의 말이 빨라 하나도 알아듣지 못해서 실망할 수도 있다. 하지만 그렇다고 그때까지 꾸준히 공부한 점을 깎아내릴 순 없다. 어쨌든 그 나라의 언어를 전혀 모르는 관광객과 비교하면 훨씬 많은 이탈리아어를 할 수 있게 된 것은 사실이기 때문이다.

이 모든 것은 스스로 통제할 수 있는 것에만 집중한 결과다. 우리는 인생에서 최종 결과는 통제할 수 없지만, 그 과정만큼은 완전히 제어할 수 있다. 그 과정에 매번 최선의 노력을 기울이면 된다.

Chapter 11

좋은 습관은
인생을 원하는
곳으로 데려다준다

자제력을 키우며 목표를 달성하려고 할 때 습관이 더 중
요할까, 아니면 충분한 동기가 더 중요할까?

　만족을 지연시키고 일시적인 불편을 감수하는 것은
고도로 동기 부여가 되어 있지 않으면 힘든 일이기에 동
기가 더 중요하다고 생각할 수도 있다. 그런데 실제로는
목표를 달성하고 원하는 것을 얻으려면 자제력을 단련
하는 좋은 습관을 만들고 발전시키는 일이 동기 부여보
다 훨씬 중요하다. 이유는 간단하다. 동기는 얼마나 충만
하든 간에 일시적이기 때문이다. 반응이나 감정과 같은

것은 사라지기 마련이다. 반대로 습관은 꾸준하기에 자제력을 지속적으로 키워 나가는 데 꼭 필요한 요소다.

동기는 오래가지 않는다

좋은 습관을 들이는 것이 얼마나 도움이 되는지 설명하는 것보다 타인에게 동기를 부여해 주는 쪽이 한층 더 근사하고 멋져 보인다. 동기란 일시적인 마음 상태인 반면 습관은 각인된 행동이다. 구덩이를 파라고 열두 시간 동안 격려의 연설을 듣는 것과 매일매일 실제로 구덩이를 파는 습관을 들이는 것 중 어느 쪽이 더 오래갈까?

동기란 흥분, 욕망, 실행하고자 하는 의지로 이루어진 감정적인 반응으로 목표를 추구하도록 갈망하게 하는 긍정적인 감정의 집합이다. 동기는 중요하다. 그래서 앞에 동기에 대해서 따로 설명하기도 했다. 가끔 우리가 보여주는 강렬한 행동은 강한 동기와 연결되어 있기도

하다. 다만 동기는 일시적이라 일반적으로 몇 시간 또는 며칠, 최대한 좋게 봐서 몇 주가 지나면 사라진다. 결국 동기와 애착을 상실하면 자제력을 발휘하는 모든 행동 역시 불편한 일이 되고 만다. 그러므로 자제력을 제대로 발휘하려면 반드시 습관이 필요하다.

동기가 사라졌다고 해서 목표를 성취하겠다는 욕구가 사라진 것은 아니다. 몇 주가 흘러 동기가 희미해졌지만 여전히 의대에 가고 싶거나, 자기 사업을 벌이거나 중독에서 벗어나길 원할 수도 있다. 하지만 필연적으로 무언가를 '원하는 것'이 그것을 얻기 위해 필요한 노력을 들일 만큼 충분하지 않다면 어떻게 될까? 실수를 저지르기 쉽고, 목표를 추구하는 행동을 아예 그만둘 가능성도 크다.

시간이 지나고 행동이 반복되면 결국 동기 부여가 강하게 됐던 그 행동에 대한 애착은 사라진다. 동기와 관련된 희열도 자취를 감춘다. 이 같은 일시적인 감정과 달리 자제력을 발휘하는 습관은 이성적인 사고 과정으로, 한번 발달시키면 영구적인 삶의 방식이 된다.

중독에서 벗어나고 싶어 하는 중독자는 부지런히 중

독 지원 모임에 참석하고 치료를 받고 일정에 맞추어 처방전을 복용해야만 성공할 수 있다. 여기서 중독을 이기고 싶어 하는 욕구가 동기로 작용하겠지만, 이 모든 것을 실천해 현실로 만들어 주는 것은 자제력이다.

작고 감당할 수 있는 습관부터 시작하자

아리스토텔레스는 "어린 시절에 들인 좋은 습관이 평생을 좌우한다"고 말한 적이 있다. 어린 나이에 습관을 들이는 것이 더 쉽게 느껴지는 까닭이 이 시기에는 변하기 수월하기 때문인 것으로 흔히 알려져 있지만, 습관을 바꾸는 일은 나이와 상관없이 가능하다.

유니버시티칼리지런던의 건강심리학 연구가인 필리파 랠리Phillippa Lally가 「유럽 사회심리학 저널European Journal of Social Psychology」에 습관 형성에 걸리는 시간에 관한 연구 논문을 게재했다. 96명의 참가자들은 새로 들이고 싶은 습관을 선택한 뒤, 매일 얼마나 자동적으로 습관을 실천하는지 보고해야 했다. 연구진은 이를 12주에 걸쳐 관찰하고 분석했는데, 한 가지 행동이 자동적으로 나올 때까지는 평균 66일이 걸린다는 사실을 알아냈다.

새로운 습관을 들이는 데 걸리는 시간은 현재의 습관과 행동뿐 아니라 개별 상황에 따라 달라진다. 랠리의 연구에 따르면 18일 만에 습관을 들인 참가자도 있던 반면, 254일이나 걸린 참가자도 있었다.

긍정적인 습관은 한번 자리를 잡으면 제2의 본성이 되기에 스스로를 단련할 때 아주 중요한 요소가 된다. 좋은 습관이란 인생을 원하는 곳으로 데려다줄 견고하고 자동적인 자제력의 발현과 같다고 생각하면 된다. 이 습관은 따로 노력을 들일 필요가 없는 잠재의식이자 자동 반응이다.

운동을 시작하려면 자제력이 특히 더 많이 필요하다. 계속하는 습관을 들이려면 날마다 같은 시간에 운동 일정을 잡고, 직후에 작은 보상을 주어 스스로 계속할 수 있도록 장려해야 한다. 랠리의 연구 결과에 따르면 두 달이 지난 뒤에는 습관만 잘 지킨다면 자제력을 발휘하는 데 처음처럼 힘이 들지 않을 것이다.

이 연구에서 얻을 수 있는 교훈은 분명하다. 습관을 키우려면 시간이 걸리고, 그 과정에서 반드시 자제력을 발휘해야 한다는 것이다. 하지만 그 단계를 잘 넘기면 습관이 알아서 해 준다. 그렇게 되기까지 적어도 두 달이 필요하다는 걸 기억하길 바란다.

습관을 들이기까지 한동안은 짜증과 불편을 겪어야 한다. 이후로도 드문드문 그런 기분을 느낄 수도 있겠지만 이미 습관을 세워 놓으면 부정적인 충동이 들 때마다 제어하기가 한결 수월하다.

습관을 키우려면 우선 자기 파괴 행위를 피해야 한다. 이 말은 처음부터 가당치도 않은 목표를 세우고 당연히 실패하기보다는 작고 감당할 수 있는 습관부터 시작하라는 뜻이다. 몸매가 망가져 다시 건강해지고 싶다면 곧바로 근육통과 절망을 불러올 운동 계획을 짜지 말고, 날마다 20분씩 걷는 것부터 시작해 보자. 20분 동안 걷기는 충분히 달성할 수 있는 목표이기에 하지 않을 핑계를 댈 가능성이 거의 없다.

작은 것부터 시작하면 목표에 닿기 위한 어려움이 줄어들어 동기가 부족해도 계속 해 나갈 수 있다. 덕분에 이 행동은 인정받을 수 있고 즐겁기까지 하다고 뇌에게 알려 준다. 또한 행동을 하고 싶다는 기대와 갈망을 높여 준다. 당연히 자신이 나아지고 있다고 느끼고 점진적으로 기간이나 강도를 늘리게 된다.

습관을 형성하는 첫 단계에서 의욕이 크면 목표로 다가가는 한 걸음을 내딛는 데 분명 도움이 된다. 하지만 자제력을 꾸준히 발휘하고 노력을 투자하는 일이 항상 즐겁지는 않다는 점을 염두에 두자. 기분이 나쁘거나 짜증이 나서 할 수 없다고 느껴지면 습관은 자리 잡을 수 없다. 따라서 동기는 즐기되 그 감정에 중독되지 않도록 주의하자.

익숙해진다면 이런 감정을 능숙하게 다룰 수 있게 되어, 기대 이상의 성과를 내는 데 긍정적인 감정을 활용할 수 있게 된다. 기분이 처져 의지력과 자제력을 동원해 습관 형성 과정을 이어 가야 할 때도 많다. 하지만 충분히 견디면 들쑥날쑥한 상태는 마침내 멈추고 새로운 행동이 습관이 되어 인생의 한 부분으로 완전히 자리 잡을 것이다. 그러면 한때 강인한 정신력을 요하던 일도 호흡을 하듯 쉽고 자연스러운 일로 변한다.

뇌가 거부하지 않을 때까지 밀고 나가자

새로운 습관을 형성하고 낡은 습관을 무너뜨리는 일은 왜 그렇게 어려울까? 지금부터 매우 논리 정연하게 설명하도록 하겠다.

『습관의 힘The Power of Habit』의 저자 찰스 두히그Charles Duhigg는 습관적인 행동은 감정, 정형화, 기억과 관련된 기저핵basal ganglia이라는 대뇌 영역이 활성화되는 것과 관련이 있다고 설명한다. 기저핵은 의사결정이 이루어지는 전전두피질과는 완전히 떨어져 있다. 따라서 행동이 습관이 되면 의사결정 과정을 거칠 필요 없이 자동으로 기능하게 되는 것이다.

이 정보를 통해 얻을 수 있는 핵심적인 교훈은 무엇일

까? 나쁜 습관을 버리고 좋은 습관을 만들려고 할 때, 행동에 대해 의사결정을 하려 하기에 처음에는 자연스럽게 어색하고 불편한 기분을 느낀다는 것이다. 뇌는 이미 특정한 방식으로 기능하도록 프로그램되어 있다. 따라서 변화를 거부하고 새로운 행동을 잘못되고 두려운 것으로 인식한다.

뇌를 새롭게 성공적으로 프로그래밍하려면 이 거부 과정을 이겨 내야만 한다. 새로운 행동이 알맞거나 자연스럽다고 느끼기 시작할 때까지는 시간이 걸리므로 그저 받아들이고 계속 밀고 나가야 한다. 결국 원하던 행동이 기저핵에 자리 잡으면 더는 거부되지 않고 자동으로 작용하게 된다. 습관 형성은 신나거나 편안한 기분이 아니라 이러한 불편한 감정을 거쳐 이루어진다. 궁극적으로 습관 형성과 자제력 단련은 66일 동안 인내하는 작은 행동에서 시작되며 감정의 도움 없이 해 나가야 한다.

또한 작은 행동을 점점 키워 나가며 견고한 습관으로 바꾸는 방법에 대해서도 생각해 보자. 예를 들어, 동네 한 바퀴를 도는 것부터 운동 습관을 들이기 시작했다면 매주 점차 거리를 늘려 보라. 동네 한 바퀴만 돌던 것을 옆 동네까지, 더 먼 곳까지 다녀오는 식으로 말이다. 이런 식으로 습관을 쌓으면서 조금 더 높지만 실현 가능한 목표를 향해 자신을 밀어 올리자.

인생에서 쉬운 건 없다. 자제력을 연습하는 것도 마찬가지다. 하지만 나쁜 습관을 버리고 힘들게 새로운 습관을 들이고 싶은 데에는 이유가 있을 것이다. 그러기 위해서는 열심히 노력해야 한다는 점을 인식하라.

습관은 혼자서 바꿀 수 없다

조지프 그레니Joseph Grenny와 공동 연구팀은 행동 변화와 습관 형성을 성공할 수 있게 도와주는 모델을 개발해 냈다. 이것을 여섯 가지 영향 모델The Six Source of Influence Model이라고 한다. 이 모델은 행동을 바꾸거나 자제력을 높이고자 할 때 영향을 미치는 모든 요인에 대해 설명한다. 습관을 형성할 때 마주하는 장애물로 심지어 자제력의 한 부분처럼 행동하는 것도 있다.

담배를 끊는 것처럼 행동을 변화시키고 싶어하는 한 개인에게, 여섯 가지 요인이 어떤 영향을 미치는지 함께 살펴보자. 크게 개인, 사회, 환경으로 분류되며 각 카테고리는 동기와 능력으로 다시 나눌 수 있다.

개인	❖ 개인적 동기: 건강과 생활습관을 개선하기 위해 담배를 끊고 싶은가? 담배를 끊기 위해 무엇을 할 것이며 인생을 어떻게 개선할 것인가? ❖ 개인적 능력: 담배 중독을 정신적으로도, 신체적으로도 극복할 능력이 있는가? 충분한 의지와 사회적 지원을 받을 수 있는가? 지금 겪고 있는 중독은 가족력이 있는가?
사회	❖ 사회적 동기: 담배를 끊도록 격려해 주고 담배를 건네지 않거나 주변에서 피우지 않을 친구나 가족이 있는가? 담배를 계속 피우거나 끊으라는 사회적 압박에 직면했는가? ❖ 사회적 능력: 주변에 금연에 성공한 사람이 있는가? 혹은 금연 지원 모임에 참여할 수 있는가? 친구들이 전부 골초인가?
환경	❖ 구조적 동기: 실내에서 담배를 피워도 상관없는 등 일상적으로 흡연을 권장하는 생활 환경인가? ❖ 구조적 능력: 담배를 끊을 수 있도록 날마다 일상에서 꾸준히 권장해 줄 수 있는가?

조금 더 자세히 들여다 보자. 영향을 끼치는 요소의 첫 번째 분류는 개인, 바로 나 자신이다. 개인의 동기와 능력을 토대로 한다. 개인적 동기는 무언가를 얼마나 갈망하는지를 뜻하며 능력이란 그렇게 할 수 있는지를 의미한다.

동기는 일시적이지만 성공을 위해선 여전히 필요하다. 그러므로 자신의 가치와 일직선상에 있는 목표를 선택하여 최대한 즐겁고 재미있는 행동을 함으로써 동기를 한층 강화해야 한다. 그럴 때 새로운 습관은 처음 생각했던 것보다 더 지적, 신체적, 감정적으로 힘들 수 있다.

예를 들어, 지금까지의 인생 중 가장 아름다운 몸매를 만들고 싶다고 가정해 보자. 그 욕망이 운동선수처럼 근사해지고 싶은 것인지 아니면 자신감과 자존감을 높이고 싶은 것인지 자문한다. 안전하고 효율적으로 운동하는 법을 알고 있나? 건강한 영양 섭취 방법은? 이런 유형의 질문에 솔직하게 대답하는 것이 목표를 현실화하는 데 이상적이다.

그다음으로 고려할 요소는 주변 사람을 포함한 사회

다. 개인적 영향과 마찬가지로 사회적 영향도 동기와 능력으로 이루어져 있다. 사회적 동기는 주변 사람이 긍정적 또는 부정적으로 행동에 얼마나 영향을 미치는지를 의미하고 사회적 능력이란 긍정적인 행동이 습관이 될 때까지 유지하는 데 얼마나 도움을 받을 수 있는지를 의미한다.

친구와 가족이 건전한 행동을 장려하고 나쁜 행동을 막으며 도와주는 것이 이상적이다. 그보다 더 좋은 방법은 그들이 새로운 습관이나 기술을 익히는 과정에서 필요한 도움, 정보, 자원을 제공함으로써 성공에 기여하는 것이다. 인생 최고의 몸매를 만드는 여정에서 잘하고 있을 때와 운동을 빼먹거나 몸에 나쁜 음식을 먹을 때 주위 사람들이 좋은 방향으로 이끌어 주고 있는지 자신에게 물어본다. 운동을 도와줄 퍼스널 트레이너나 코치가 있는가? 가족이 함께 건강식을 먹고 유혹이 될 만한 해로운 음식을 치우며 협력해 주는가?

이제 마지막으로, 일상을 구성하는 인간 이외의 요소인 환경이 남았다. 환경적 영향은 '구조'라고 볼 수 있고 이 또한 동기와 능력으로도 나눌 수 있다. 구조적 동기는 현재 잘하고 있지만 주변 환경에서 보상을 주지 못할 때 부정적인 결과를 가져다주는 방식으로, 올바른 행동을 장려하는지를 의미한다. 반면 구조적 능력이란 환경이 알람이나 징조가 되어 계속 해 나갈 수 있도록 도와주는지를 말한다.

식이 조절과 운동을 꾸준히 했을 때 보상을 주고 그러지 못했을 때 강제성을 줄 수 있는 체계를 구축해 두었는가? 헬스장에서 자전거를 타면서 좋아하는 텔레비전 드라마를 보는 건 괜찮지만 게으름을 부리다 운동을 빠진 날이라면 드라마를 보지 말아야 한다. 항상 같은 시간에 운동을 하고, 식단을 미리 준비해 요리를 하고 싶지 않은 날에도 건강한 음식을 먹을 수 있도록 하는 것도 중요하다. 정해진 일과에서 벗어나지 않도록 늘 자신에게 신호를 주면서 몸매 만들기 목표에 도달할 수 있게 환경을 구축해야 한다.

자신을 단련하는 것을 흑백처럼 이분법으로 생각하는 경우가 흔하다. 대부분 동기와 의지력이 있거나 없거나로만 나누려고 한다. 하지만 목표를 이루는 데 필요한 그 밖의 요소들이 최적화되어 있지 않다면 동기와 의지력도 소용없다. 모든 것이 조화를 이루어야 하며, 다양성이 존재하는 현실 사회에서 한두 가지 요소만으로 목표에 도달할 가능성은 매우 작다.

자제력을 훈련할 때 너무 어렵고 자신이 잘못하고 있는 것처럼 느낄 수도 있다. 하지만 곧 사라질 일시적인 감정이라고 인식하고 받아들이자. 행동을 바꾸려고 할 때 어쩔 수 없이 직면하는 고통과 어려움을 이겨 내면 나쁜 습관을 무너뜨리고 그 자리에 좋은 습관을 세울 수 있다. 이룰 수 있는 목표를 정하고 개인적 동기와 능력, 주변 사람과 환경을 고려해 계획을 세워 보자. 가장 중요한 것은 일단 시작하는 것이다. 그런 다음에는 자제력을 발휘하는 것이 숨 쉬는 것처럼 자연스러워질 때까지 멈추지 않고 나아가면 된다.

지금까지 자제력이야말로 하려는 모든 일에 반드시 필요하며, 의도적인 훈련과 여러 가지 법칙을 통해 단련할 수 있다는 사실을 확인했다. 목표를 세웠지만 항상 작심삼일로 끝났던 사람이라면, 다시 도전할 수 있다는 희망이 생겼을 것이다.

또 뇌의 어떤 부분에서 자제력을 관장하는지, 어떤 동기로 인해 우리가 움직이게 되는지, 미래의 더 나은 보상을 위해 현재의 충동을 어떻게 다루어야 하는지 등에 대해서 살펴봤고, 최종적으로는 더 좋은 습관을 몸에 익히는 것이 자제력을 발휘할 때 가장 효과가 좋다는 점까지 알아봤다. 그중 반드시 기억해야 할 것은, 자제력은 근육과 같아서 얼마든지 여러 가지 방법으로 키우고 늘릴 수 있다는 사실이다.

자제력을 단련하는 일은 단순히 원하는 목표를 이룬다기보다 기나긴 여정을 떠나는 것에 더 가깝다. 지금까지 반복된 실패에 위축되어 있다면, 이제는 그럴 필요가 없다. 연습을 통해 자제력의 기준점을 높이면 어떤 역경을 만나도 흔들리지 않게 된다.

지금도 늦지 않았다. 앞에서도 말했듯이 일단 시작하는 것이 가장 중요하다. 눈앞에 있는 작은 목표부터 하나씩 달성하다 보면 어느새 한계를 뛰어넘은 자신을 발견하게 될 것이다. 자제력은 당신을 반드시 성공으로 이끌 것이다.

옮긴이 공민희

부산외국어대학교를 졸업하고 영국 노팅엄트렌트대학교 석사 과정에서 미술관과 박물관, 문화유산 관리를 공부했다. 현재는 번역 에이전시 엔터스코리아에서 출판기획자 및 전문 번역가로 활동 중이다. 옮긴 책으로는 『혼자 있고 싶은데 외로운 건 싫어』, 『발명콘서트』, 『시너지스트』, 『지금 시작하는 그리스 로마 신화』, 『인권이란 무엇인가』, 『행복해지기 위해 버려야 할 것들』, 『혼자의 힘으로 가라』, 『역사상 가장 영향력 있는 고양이 100』 등 다수가 있다.

실패의 유혹을 물리치는 힘

자제력 수업

초판 1쇄 발행 2019년 2월 25일
초판 8쇄 발행 2024년 11월 5일

지은이 피터 홀린스
옮긴이 공민희
펴낸이 김선준

편집이사 서선행
편집1팀 임나리, 이주영
마케팅팀 권두리, 이진규, 신동빈
홍보팀 조아란, 장태수, 이은정, 권희, 유준상, 박미정, 이건희, 박지훈
경영관리팀 송현주, 권송이, 정수연

펴낸곳 ㈜콘텐츠그룹 포레스트 **출판등록** 2021년 4월 16일 제 2021-000079호
주소 서울시 영등포구 여의대로 108 파크원타워1 28층
전화 02) 332-5855 **팩스** 070) 4170-4865
홈페이지 www.forestbooks.co.k
종이 ㈜월드페이퍼 **인쇄·제본** 한영문화사

ISBN 979-11-89584-16-0 (03190)

포레스트북스(FORESTBOOKS)는 독자 여러분의 책에 관한 아이디어와 원고 투고를 기다리고 있습니다. 책 출간을 원하시는 분은 이메일 writer@forestbooks.co.kr로 간단한 개요와 취지, 연락처 등을 보내주세요. '독자의 꿈이 이뤄지는 숲, 포레스트북스'에서 작가의 꿈을 이루세요.